JN164377

50歳すぎたら、「まあ、いいか」「それがどうした」「人それぞれ」でいこう

弘兼憲史

GENTOSHA

はじめに

人生一世紀（一〇〇年）時代のいま、五〇歳以降、とくに仕事から離れてからどんなふうに生きるかは、きわめて重要なテーマになってきています。面白く生きる。それが後半人生の基本だと僕は考えています。そうはいっても、世の中に面白いことなどそうザラにあるものじゃない。そう思いますか。

その通りです。面白いことを見つけて、それをやることが、面白く生きることではないのです。どんなことも、何だって、面白がってやる。そこに面白く生きる人生があるのです。人生、面白がったもん勝ち、楽しんだもん勝ちです。すべては自分にかかっています。

僕には少なからず、そう生きている自負があります。本書では弘兼流の面白く生きるヒントを満載しました。「人生、つまんねぇな」と感じている人にこ

そ、実践して欲しいと思っています。さあ、躊躇《ためら》ってなんかいないで、います
ぐ、頭を面白がる発想に〝変換〟してください。

50歳すぎたら、「まあ、いいか」「それがどうした」「人それぞれ」でいこう

もくじ

第1章 人生はプラス思考で楽しく生きたもん勝ち

第2章
「人は人、自分は自分」で生きる

第3章 人間関係、仕事のなかに大切な「学び」がある

第4章

さらに人生を面白くする新しい老いのデザイン

装幀　石川直美（カメガイ デザイン オフィス）
編集協力　㈱岩下賢作事務所
吉村 貴
DTP　美創

第1章

人生はプラス思考で楽しく生きたもん勝ち

人生を面白くするのも、つまらなくするのも自分次第

お笑い芸人さんのネタを腹を抱えて笑う人もいれば、つまらなそうに舌打ちする人もいます。もちろん、ネタのレベルによるところ大ではあるのですが、それを受けとる側の問題もある、と僕は思っています。

いつも、「面白いじゃないか」と受けとるようにしていると、これがけっこう面白いし、笑える。一方、「何だ、この程度か。こんなの笑ってらんない」と斜にかまえていたら、ホントにつまらなくなってしまうのです。

面白くするのも自分、つまらなくするのも、結局、自分だ、という気がしますね。じつはこれ、人生にも通じるのです。

面白そうに、楽しげに、人生を送っている人もいるし、しかつめらしい顔が定番で、「人生苦悩だ」みたいな風情の人もいます。しかし、抱えている状況はたいしてちがいがなかったりする。

要は受けとり方でしょう。そうそう面白いことばかりの人生もないし、つまらないことだらけの人生もないのです。面白いと思う努力、努力というとリキみが入るから、面白がるクセみたいなものをつけると、どんな状況も面白くなっていく、と思うのです。

幕末の風雲児、長州で奇兵隊を組織した高杉晋作にこんな一首があります。

「面白きこともなき世を面白く　住みなすものは心なりけり」

病床にあった高杉が上の句を詠み、下の句は看病にあたっていた野村望東尼が詠んだとされるものですが、世の中を面白く生きるのも、世をはかなんで人生を送るのも、心の在り様にかかっているということでしょう。

自分で目標や課題をいっぱいつくって、それを達成するためにがんばる、というのも、案外、人生をつまらなくするのだ、と思います。若いうちは奮励努力も、刻苦勉励もいい。

それが充実感や満足感、また、幸福感をもたらしもするでしょう。しかし、齢《よわい》六〇をすぎて〝年寄り〟の域になったら、あえてそんなことはしないほうがいい、というのが僕の考え方です。

目標や課題を設けるのはかまいませんが、その達成に躍起になることはない。できなくたっていいや、くらいに思っておくのが、人生をつまらなくしない、人生がつらいものにならない、秘訣《ひけつ》だと思います。キーワードがこれ。

「まあ、いいか！」

目標達成ならずとも、課題クリアできずでも、腹が立つことがあっても、「まあ、いいか」と受けとめて、目の前にあることを楽しむ。少々、仕事にしくじっても、その夜の一杯の酒を楽しく飲む、というスタンスです。

それでもつらいことはあるでしょう。そこはこう考える。

「いやぁ、やっかいな状況になっちまったけれど、さあ、弘兼憲史くんはここをどう乗りきるでしょう？」

状況にのめり込むからつらさが増すばかりとなるのです。状況から距離を置いて、客観的に眺めてみると、いろいろな方策が思い浮かんできたりするものです。

そこで自分が何をするか、どんな役割を演じるか、ということを主人公ではなく、演出家の視点で見てみる、といっていいかもしれません。思い浮かんだあの手、この手をメモ書きなんかにする。

「ほう、この手があったか。待てよ、あの手もあるな。いや、いや、こんな三の矢もあるじゃないか……」

この方式なら、つらいことのなかにも面白がれる部分が見つかるのではないでしょうか。

どんな状況にも必ず着地点があります。どこに降り立っても、もちろん、「まあ、いいか」です。

つらいときは主人公ではなく、
演出家になって自分を見る。
人生を楽しむ秘訣だ。

現実を認めて素直に生きれば楽しい人生が見えてくる

人が置かれている現実はさまざまです。なかには受け容《い》れ難い現実もあるでしょう。たとえば、がん宣告。がんで余命が半年と医師から告げられたら、その現実に抗《あらが》いたくなって当然です。

「診断結果がまちがっているのではないか？」

「余命半年!?　そんなはずはない、絶対……」

しかし、いくら抗っても直面している現実が変わることはありません。素直に受け容れるしかないのです。「しかない」ことは、ほかに選択肢がないわけですから、できれば、パニックなんかにならず、冷静に受け容れたい。

がんにかぎらず、会社が倒産したり、誰かに騙《だま》されて全財産を失ったり、家族が離散の憂き目に遭ったり、夫がギャンブルにハマったり……と苛酷《かこく》な現実はいくらもありますし、いつそれがやってくるかは誰にもわかりません。

ただし、そうした現実のなかでもできることはあります。もっといえば、その現実のなかでできる最善のことを探すほかはないのです。それを見定めるには、やはり、冷静さが必要です。

余命宣告を受け容れて、冷静に考えをめぐらせれば、家族と一緒の時間をそれまで以上に大切にするとか、これだけはやりたい、ということに全力を傾けるとか、そのときの自分ができることが見えてきます。死の影に脅えているばかりでは視界は開かれません。

できることをやっていく。心が前向きですから、そこに喜びや楽しさも見出《みいだ》せるはずです。

「家族ってこんなにあったかくて、ありがたいものだったのか！」

家族と濃密な時間をすごすなかで、そんな気づきがあったら、それは喜びではありませんか。こんな話を聞いたこともあります。

先天的な障害があって、生まれてきたお子さんのご両親ですが、日々、喜びを感じて生きている、というのです。お子さんを見守っている折節に、その子の邪気のなさ、素直さ、やさしさ（どれもが人としての美徳です）に接することができる、というのがその理由です。

これも、お子さんを哀れんでいたり、その子の親になったことを嘆いていたり、不条理だと思っていたりしたら、つまり、現実を受け容れるということがなかったら、けっして見つけることができなかった喜び、といえるのではないでしょうか。

苛酷な現実のなかにも、喜び、楽しさ、希望……があります。まず、現実を受け容れ、目を開くことです。

どんな現実も
素直に受け容れたら、
そこに喜びも、楽しさも、
幸せも……、
あることに気づく。

どんな小さなことでも楽しみをもっている人間は強い

毎日が何の変哲もない生活。そう感じているサラリーマンは少なくないのかもしれません。自宅と会社の往復に決まり切った仕事、たまに赤提灯《あかちょうちん》か縄暖簾《なわのれん》でおだをあげるのがほぼ唯一の憂さ晴らし……。

そんな日々の繰り返しに楽しみなんかありはしない、ということなのでしょう。そんなことはありません。みなさんはアウシュヴィッツ収容所を知っていると思います。

ドイツ占領下のポーランドにあり、ユダヤ人に対するホロコースト（大量虐殺）がおこなわれた悪名高き収容所です。

そこの囚人の生活といえば、毎日、毎日、同じように粗末な食事を与えられ、無意味な労働をさせられる、というまさしく判で押したようなものでした。囚人の間に絶望感だけが広がっていきます。

そんななかで一人の囚人は道端に小さな草が芽吹いているのを見つけます。

「そうだ、こいつを育ててみよう」

そう考えた囚人は、労働する場所への行き帰りに、草にチラッと目をやって育ち具合をたしかめ、ときにこっそり水をやるようになったのです。自分が手をかけることで草が育っていく。

その思いがかすかな希望ともなり、花を観察し、ひそかに育てることが楽しみともなったのです。

囚人はガス室に送られましたが、絶望のまま人生を終えたわけではなかった、と思うのです。小さな命を育てる楽しみによって、人生に一条の光が差し込んだにちがいありません。

どんな小さなことでもいい、楽しみをもつことが生きる強みになるし、人生に彩りを添えてもくれます。

俳優のバート・ランカスターが主演をした『終身犯』というタイトルの米国映画も、僕の印象に残っている作品のひとつです。実話をもとにしたもので、終身刑を宣告された受刑者が、刑務所の運動場で小鳥を見つけ、保護をしたことから、小鳥（カナリア）に興味をもつようになり、鳥類の研究者として二冊の著書を発表することになる、というのがそのストーリーです。

こちらも終身犯という絶望的な状況。楽しみとは無縁にみえる刑務所暮らしでありながら、ちょっとしたきっかけで楽しみを見つけ、そこで自己実現さえしていく。楽しみをもつことの大切さが十二分に伝わってくる作品といっていいでしょう。

どうせ楽しみなんかない、と塞《ふさ》ぎ込んでいたり、人生楽しくなくたっていい、と投げやりになっていたりしたら、ほんとうにその通りの人生になってしまうのだ、と思います。

先の囚人に倣って、植物を育てるのもいいじゃないですか。相手は命ですから、世話をしなければ枯れてしまうし、丹精込めて世話をすれば、逞《たくま》しく育っていくし、花だって咲かせもする。

変哲のなさを憂う生活、退屈を嘆く生活は、まちがいなく一変します。もちろん、小鳥やペットを飼うのも楽しみに直結します。仕事や人間関係でいやなこと、つらいことがあっても、その存在が癒やしにもなります。

「タフでなければ生きていけない。やさしくなれなければ生きている資格がない」

そういったのはレイモンド・チャンドラー作品に登場するフィリップ・マーロウ探偵だったでしょうか。弘兼流はもう一言追加です。

「楽しみがなければ生きている甲斐《かい》がない」

憂うつのなかにも、
退屈のなかにも、
小さな楽しみが埋まっている。
それを掘り起こすと、
人生が変わる。

人生は片道切符だから、やりたいことをやったほうがいい

世の中には慎重居士《こじ》といわれる人がいます。何ごとにつけても慎重をモットーとし、熟慮あくまで欠かさず、そろりそろりと一歩を踏み出す、というタイプです。まあ、軽挙妄動よりはずいぶんマシな気がしますが、それで人生面白いかといったら、僕は首を傾《かし》げます。

慎重なのは失敗しないため、はっきりいえば、失敗を怖《おそ》れるからでしょう。しかし、それも度が過ぎると、いつまでも石橋を叩いているばかりで、いっこうにわたらない、なんて人生にもなりかねないと思うのです。

躊躇《ちゅうちょ》したり、迷ったりなんかしていないで、やりたいことはやったほうがいい

い。失敗したっていいじゃないですか。人生は片道切符です。行った道を戻ってくることはないのです。

戻ってくるのであれば、失敗の苦さを、飲んだ煮え湯を、折り返してきて、また味わわなければならなくなりますが、片道切符にはその心配はありません。

また、すぎてしまえば、失敗もまた、楽しからずや、ということになることが、少なくないものです。

人生の後悔でも、やりたいことをやって失敗した後悔より、やらなかった後悔のほうが、ずっと大きいといわれますし、失敗が成長の糧になったという人もたくさんいるのです。

失敗といえば、選択ミスもその範疇《はんちゅう》と考えている人がいるでしょう。生きていれば何度も岐路に立たされます。Aを選ぶかBを選ぶか、すべては自分にまかされています。

たとえば、女性なら人生をともにあゆむ相手をA男とB男のどちらかに決める、といったことがあるでしょう。その岐路でA男を選んだら、経済力はないし、苦労ばかりすることになった。

そこでこう考える。

「あのときB男を選んでおけばよかった。とんだ選択ミスをしてしまったな。人生の大きな失敗だわ」

たしかに、B男を選んでいれば、経済的には裕福で、生活の面では苦労知らずで生きられたかもしれません。しかし、B男の浮気癖で別の苦労をさせられ、家庭内にすきま風がピューピュー吹くことになっていた、ということだって考えられるのです。

A男との生活は、貧しいけれど、夫婦仲はよく、家庭内に笑いが絶えないものであるかもしれません。楽しいのは、幸せを感じられるのは、どちらでしょうか。

自分が選択したら、その責任と覚悟はもつべきでしょう。選択ミスを悔やんだって仕方がない。だから、それはやめる。

「あのときああしていたら……」

という発想は人生を惨めに、つらいものにするだけです。

やって失敗した悔いより、
やらなかった悔いのほうが
ずっと深い。
やれば失敗が糧になる。

荷物が重かったら捨てればいい。そして昔に戻ればいい

人生の年輪を重ねるにつれ、人はいろいろな荷物を背負っていきます。仕事上の責任、広がっていく人間関係、住宅ローンや子どもの教育費……。いちいちあげていたらキリがありませんね。

そういえば徳川家康にこんな言葉があります。

「人の一生は重荷を負て遠き道をゆくが如し」

家康の遺訓とされるものです。天下人が背負う荷の重さとは比べものにはならないにしても、誰もがけっこう重たい荷物を背負っている。それはつらさにも繋《つな》がっていそうです。

シンプルに考えませんか。荷物が重かったら下《お》ろせばいい、捨てたらいいのです。仕事の第一線から退く時期であれば、仕事の責任からは解放されますし、仕事にかかわる人間関係もスリムになっているはずです。子どもも巣立っている頃でしょう。

現役時代とはちがう第二の人生をあゆむことになるその時期は、荷物の棚卸しをする格好の機会です。「いま」背負っている荷物を整理してみたらどうでしょう。そして、捨てられるものはできるかぎり捨ててしまう。

たとえば、手持ち無沙汰《ぶさた》に（人恋しく）なって会社にいた頃の部下に連絡をとり、「一献やらないか？」と誘ったりすることはありませんか。現役時代の人間関係を引きずっているわけですが、仕事の最前線にいるかつての部下にとっては、ありがた迷惑であることが少なくないのです。

これなどは捨てるべき荷物の典型かもしれません。

住んでいる家も検討の余地おおいにありです。子どもたちが独立して、夫婦二人暮らしになっているケースであったら、いま住んでいる〝広い〟家は必要でしょうか。

スペースが広ければ広いほど、維持管理に手間がかかります。掃除だって大変。これも荷物のひとつです。二人暮らしにふさわしい、ちょっと小綺麗な小さなマンションにでも引っ越せば、その荷物を下ろすことができますし、同時にムダなモノも処分することができます。

せっかく手に入れたわが家を手放すのは抵抗がある、という人がいるかもしれませんが、夫婦二人で始めた昔の生活を思い出してください。当初から立派な家に住んでいたという人は、そんなに多くはないはずです。

そう、手放すことはただ昔に戻るというだけのことなのです。スペースが狭いことのメリットも少なくない。一緒の空間に居ることが増えてコミュニケーションが密になる、モノが減ってスッキリする、少ない生活動線で暮らせる、掃除がラク……。

生活スタイルによってちがいはあると思いますが、下ろせる荷物はまだまだあるのではないでしょうか。下ろせば、人生、身軽になります。

背負いつづけるから重くなる。
捨てればいい。
さあ、身軽人生のスタート。

あれもして、これもして、感謝しながら死んでいきたい

人生の最期に何を思うか。それがその人の人生を物語っているといっても、そう的外れではないでしょう。僕が思い出すのは、一九六四年に開催された東京五輪のマラソンで銅メダルを獲得した円谷幸吉《つぶらやこうきち》さんの人生です。

円谷さんは六八年メキシコ五輪でもメダルを期待されるなかで、調子があがらず、プライベートな問題での心労も重なって、みずから命を絶ちました。二七年の人生でしたが、最期の思いを託したであろう遺書はこんなものでした。

「父上様、母上様、三日とろろ美味《おい》しゅうございました」

そんな書き出しから始まる遺書には、五人のきょうだいとその連れ合い、一

七人の甥《おい》、姪《めい》の名前が克明に綴《つづ》られ、ふるまわれた料理の一つひとつがあげられて、すべてに「美味しゅうございました」の文言が添えられていました。

また、洗濯をしてくれたこと、クルマに便乗させてくれたことに対して、「ありがとうございました」の言葉が述べられていたのです。

遺書の結びには「もうすっかり疲れ切ってしまって走れません」「幸吉は父母上様の側《そば》で暮らしとうございました」の文言があり、円谷さんが抱えていた、余人の想像をはるかに超えるつらさ、無念さがうかがわれますが、遺書全体から伝わってくるのは、残していく人たちへのこまやかな心遣い、そして、感謝の思いです。

川端康成はこの遺書について、次のような感想を発表しました。

「繰り返される〈おいしゅうございました〉といふ、ありきたりの言葉が、じつに純ないのちを生きてゐる。そして、遺書全文の韻律をなしてゐる。美しくて、まことで、悲しいひびきだ」

いいようのない儚《はかな》さ、やりきれない悲しさのこもった人生だったと思います。

しかし、それでもなお、美しい人生であったとも思うのです。

美しさの源泉は、人への心遣い、そして何より感謝の思いでしょう。最後に感謝を思う人生、感謝しながら死んでいく人生は、美しいのです。

感謝の思いと繋がっているのが納得感だという気がします。

「あれもやった。これもできた。やり残したことはない」

そんな納得感があったら、感謝の思いが湧《わ》いてきます。あれも、これも、できなかった、という心残りが多ければ、怨みやつらみが心を占領する。人生を美しく締めくくることができないのです。

やりたいと思ったことはできるだけ積み残さないように生きるのがいい、と僕は思っています。もちろん、やった結果が楽しいこともあれば、つらかったり、苦しかったり、悲しかったり……することもあるでしょう。

しかし、安心してください。これはある医師がいっていたことですが、人はつらいこと（苦しいこと、悲しいこと……）を忘れるように、脳内がプログラミングされているようなのです。

残るのは楽しいことです。やったという納得感があって、しかも、楽しいことだけが残っていれば、感謝もできるということでしょう。

ちなみに、認知症になった場合、夫は妻のことを最後まで覚えているし、妻は夫のことを最初に忘れるのだそうです。

日本だけのことかもしれませんが、夫にとって妻は楽しさをもたらしてくれるありがたい存在、妻にとっての夫はつらさを強いるばかりの存在ということになるのでしょうか。

みなさん、思い当たるフシ、ありますか。

儚さも、悲しみも、
感謝の思いで包み込めば、
人生を美しく締めくくれる。

一人旅は楽しい

旅は人生の大きな楽しみのひとつです。子どもの頃から数えれば、誰もが何度となく旅を経験しているでしょう。グループでの旅、気の合った仲間との旅、家族そろっての旅、恋人同士や夫婦での旅……。どれにもそれぞれ違った趣《おもむき》や楽しさがあります。

しかし、究極の旅の楽しさをいえば、僕は断然、一人旅をあげます。にもかかわらず、一人旅をする機会は意外に少ないのではないでしょうか。もったいないかぎりです。

一人旅のよさは、何といっても束縛がなく自由なことです。その他の旅が前もってスケジュールを設定し、それに沿って行動するのに対して、一人旅は何から何まで自由気まま。日程も、利用する交通機関も、泊まる宿も、めぐる場所も、縛りはいっさいありません。

ローカル線に乗って、気に入った駅弁を食べる。ふと、窓外に目をやると長閑《のどか》な景色が広がっている。「ちょっとここで降りてみるか」と駅に降り立ち、古びた宿に一夜を借りて、あたりを散策。宿に戻って、素朴な郷土料理に舌鼓を打つ。

こんな旅は一人でなければできません。人は本来孤独です。一人で生まれてきて、一人で旅立っていく。その孤独をじっくり噛《か》みしめられるのも一人旅ならではでしょう。

一献傾けながら、一人静かに来し方行く末を思うひとときは、人生と向き合う時間ともなるはずです。そこには、いわゆる、通常の楽しさとはひと味ちがう、心の奥深いところでの愉《たの》しさがあるのではないでしょうか。

旅先での人との出会いも旅の楽しさをぐんと増してくれます。

立ち寄った食事処や老舗などで、その土地をよく知る人にそれとなく話しかけ、そこに伝わる歴史や習俗などの話を聞く。時間に制約はありませんから、興味を掻《か》き立てられたら、いくら話し込んだって大丈夫です。

地域色たっぷりの土地の言葉による古老の語り口は、時間が経《た》つのを忘れさせてくれるでしょう。

ただし、一人旅には慣れも必要だと思います。それまで一度も一人旅をしたことがないという人は、不安かもしれませんね。だったら、仲間との旅を少し趣の違ったものにして、〝一人旅もどき〟から始めたらどうでしょう。

行き帰りと宿は集団行動にして、現地ではそれぞれが単独行動をとるようにするのです。

名所旧跡を歩きたい人はそうする。街並みや露地をめぐりたい人は、現地ではそういう〝一人旅〟をする。雰囲気のある蕎麦屋さんに腰を据えて、昼から飲むという人がいたっていいじゃないですか。

何人かが連れ立った旅ではこんなことが起こりがちです。

「今日は〇〇城に行くぞ」

「俺、城にまったく興味ないからかったるそうだな」

どこを観るか、歩くか、といったことでコンセンサスがとれないのです。その結果、誰かが渋々、不承不承、集団行動にしたがうということにもなるわけです。

食の好みがちがえば、食事処の選定でもひと揉《も》めあるかもしれません。〝現地自由〟をルールにすれば、そんなことは起こりませんし、一人旅の感触もつかめます。

一人旅「入門編」として、おすすめです。

一人旅で味わう孤独の楽しさ。
それはまた、人生と向き合う
貴重な時間でもある。

笑顔の効用を知っておく

現在、注目を集めているタイ人女子プロゴルファーがいます。アリヤ・ジュタヌガーン選手がその人です。

タイ人としてはじめてLPGA（米国女子プロゴルフ協会）のトーナメントで優勝を飾り、メジャー大会である全英女子オープンも制したという、すばらしい戦績もさることながら、彼女が世界中のゴルフファンの耳目を集めているのは、その〝プレースタイル〟が独特なものだからです。

ショットでも、パットでも、アドレスに入る前に必ず「笑顔をつくる」というのが、そのプレースタイル。それがルーティンになっているのです。

ゴルフはきわめてメンタルな要素が大きいスポーツだといわれます。とくにプロの世界は一打で獲得賞金が大きくちがってきますから、誰もがナイスショットを打つための方法、打つまでのルーティンを試行錯誤するわけです。

しかし、笑顔がルーティンという選手は彼女しかいません。口角を上げて笑顔をつくることで、身体《からだ》の余計な力が抜けてリラックスでき、スムーズなスイングができるということなのでしょう。

医学的にも、笑顔をつくると脳内にアルファ波が出て、集中力が高まることがたしかめられているようです。

前置きが長くなりましたが、「笑顔」は人生を楽しむうえで、人生を面白くするうえで、重要な要素だと思います。笑顔がチャーミングな人のまわりには、たくさん人が集まってきますし、その場の雰囲気も和やかなものになります。

人生の楽しさ、面白さは、多分に人間関係に左右されます。だから、笑顔によっていい関係をつくれることは、楽しさ、面白さに、直結する、と僕は思っているのです。

いつも苦虫を嚙みつぶしたような顔をしている人は、見るからに楽しそうじやないし、人生を面白がっているとは思えないじゃないですか。

「そうはいっても、とても笑顔になんかなれない状況だって、人生にはいくらもあるではないか」

たしかにそうです。しかし、あえて僕はいいたいのです。

「つらいときこそ、無理して笑顔をつくろう」

卑近な事例すぎて、いうのがちょっと憚《はばか》られるのですが、僕はときどきこいつを〝実践〟しています。

ときどき囲む麻雀卓。その際、立て続けに親の役満を振り込んでしまうことがあります。「リーチ」をかけたら、即、「ロン」の声。それが三回もつづくと、しかも、いずれも親の役満ときたら、もういけません。

頭は真っ白。世界の絶望、人類の悲哀を一人で背負った気分になります。そこで、僕は自分を叱咤《しった》するのです。

「これはもう、笑うっきゃねぇな」

もちろん、無理やりのつくり笑顔です。しかし、それでその場は剣呑《けんのん》な空気になることから、かろうじて救われる。もし、僕がぶーたれ顔になったら、空気の悪化は避けられないし、麻雀仲間もこう思うはずです。

「弘兼さん、いつもこうだからな。これじゃあ、麻雀も面白くないよ。もう、誘うのやめようぜ」

かくて、僕は人生の楽しみである麻雀も、その楽しみを共有する友人も、失う結果となるのです。笑顔は大事です。

麻雀の負けなど人生のつらさの、末席も末席。いや、末席にもぶら下がれないくらいちゃちなものですが、笑顔がつらさの妙薬であるということには、真理があると思っています。

笑顔にはプラス思考がついてくるからです。

つらさを噛みしめている
ことなんかない。
無理をしてでもいおう。
「これはもう、笑うっきゃねえな」

楽しい人生に一番必要なのは、頭を若く保つこと

人生を楽しむために必要なものは、いろいろあると思いますが、土台になるのは頭を若く保つことでしょう。頭が若いというのは、若い人にありがちな、考えが足りない、浅はかである、というのとはちがいます。

こだわり、思い込みがなく、何でも柔軟に考えられる。これが頭が若いということでしょう。

歳《とし》を重ねると、経験も知識も蓄積されます。しかし、ともすると、それが手《て》枷足枷《かせあしかせ》にもなる。自分の経験からして、「こうでなければいけない」とこだわったり、自分の知識からすれば、「こうであるはずだ」と思い込んだりするこ

となるわけです。

自分のこだわりや思い込みを変えたくない、それを捨てることができないのです。頑固親父がその代表格だと思いますが、偏屈な生き方、そこまでいって悪ければ、窮屈な生き方です。

朝令暮改というと、言《げん》（いうこと）がコロコロ変わるという、マイナスのイメージですが、僕はそのくらいがいいんじゃないか、と思っています。何ごともこだわると面倒くさいし、しんどい。

僕はまったくこだわりがないですね。漫画家ですから、使うペンや消しゴムには相当なこだわりをもっているなんて思われがちですが、こだわりいっさいなし、です。描ければ何でもいい。

生活全般を見渡しても、こだわっていることは見つかりません。ワインの本なども出版させていただいていますが、白状してしまえば、酒に対するこだわりもないのです（弁解しておけば、ワインについては、一応の知識はありますが……)。

うまいか、まずいか。酒も料理もその一点だけで、繰り返し飲むか、食べるか、を決めています。

馴染《なじ》みの店もない。馴染みの店を一軒くらいもってこそ、大人といえる、なんて考えもあるようですが、僕には面倒くさいとしか思えません。店もお馴染みさんには、「最近お見えになりませんね」「こんないい酒が入ったんで、お近いうちに、ぜひ」などと、何かにつけて声をかけてくるでしょう。

それが、常連への気遣い、親切心であることは認めますが、僕はそのありがたさより、むしろ、プレッシャーを感じてしまいます。もちろん、「ここは、俺の店みたいなもんでさ」なんて台詞《せりふ》は、吐きたいとも思わないし、自慢げに語る人間は〝野暮〟と決めつけています。

ついでにいえば、女性に対するこだわりもありません。スリムで切れ長の目もよし、ふくよかでパッチリまなこもまたよし、です。

もっとも、若い頃はいろいろこだわっている時期がありました。『MEN'S CLUB』なんていうファッション誌や、『GORO』なんて情報誌を読みあさって、時計はこれじゃなきゃ、靴はやっぱりこれだろ……とやっていたものです。

タバコも、フランスの『ゴロワース』『ジタン』、ドイツの『ゲルベゾルテ』なんかを吸っていました。クセが強くてくさい、という代物、もちろん、まずいのですが、「こいつのよさがわかんないんじゃ、まだ、まだ、だな」なんて粋《いき》がりたいがため、あえて〝苦行〟を選んでいたわけです。

こだわりが面倒くさい、しんどい、バカらしい、ということがわかってきたのは人生後半に入ってからです。こだわりを取っ払ってみたら、人生がすごくラクになった。

人間、一度手に入れた〝ラク〟を手放すなんてことはできません。爾来《じらい》、こだわらないで、ラクに、楽しく生きています。

まあ、若い頃の一時期にこだわりをもつのは悪くはない、と思います。こだわることで知識欲が掻き立てられもする。旺盛な知識欲は生きる活力にもなるでしょう。

しかし、五〇代以降は捨ててください。

こだわりが
かっこいい時期はある。
しかし、人生後半になったら、
手放して「粋」に生きよう。

ゲームだと思えば、人生をもっと楽しめる

人生を支えるのは、やはり、経済、つまりはお金です。しかし、蓄えたっぷり、リタイア後の生活にもまったく憂いなし、という人はそう多くはないのではないでしょうか。

「入るを量りて出《い》ずるを制す」

中国古典の『礼記《らいき》』にある言葉ですが、どのくらいの収入があるのかをちゃんと計算して、使い方の計画を立てなさい、という意味です。お金に対する考え方の基本がこれでしょう。

収入の柱が年金という時期になったら、使い方にはことさら計画が必要にな

ります。現役時代なら、少々、贅沢な使い方をしても、ボーナスで埋め合わせるなどの手立てがありますが、年金生活でそれはできません。日々、節約が求められる。しかし、なかにはこんな人もいるでしょう。

「節約、節約なんて、なんだかみみっちくて……」

たしかに、生活を切り詰める、できるだけ質素に暮らす、というとマイナスイメージが先行するかもしれません。しかし、そこは発想です。節約をゲームと考えるのです。

たとえば、日常の食料品なら、いかに安く買うかが、ゲームのテーマです。周辺にあるスーパーのチラシやネット情報が〝手駒〟になります。

「おっ、ここはちょっと遠いけれど、チラシによると今日は安売り日か。バス代を使っても、この店にいったほうがいいな。よし、よし」

〝使わない〟という姿勢でいると、気分も沈んだものになりますが、視点を〝うまく使う〟というところに転じれば、様相はガラリと変わります。チラシを見比べるのも、情報を精査するのも、楽しい作業になるはずです。

買い物帰りに最寄りのスーパーに立ち寄って、自分のゲームプランが奏功したことを確認するのも楽しい。

「やっぱり、あの店に行ってよかった。同じ肉が一五〇円も安くゲットできたぞ。野菜も断然安かった。大成功！」

節約のみみっちいイメージは完全払拭《ふっしょく》ではありませんか。ゲームの勝利者にはご褒美があってしかるべきでしょう。

節約ゲームによってプールした資金を一気に使うのもいい。

たとえば、月に一度、夫婦で洒落《しゃれ》たレストランで食事をする。お気に入りのミュージシャンのライブやコンサートに出かける。プール金をもっと潤沢にして、年に一度、温泉に行くなんていうのもいいのではないでしょうか。

節約ゲームがさらなる楽しみに繋がるという構図です。

節約ゲームの発想はもっと発展しそうです。

「野菜は自給自足できるんじゃないか。そうだ、ベランダで家庭菜園をやろう」

じつはわが家にも小さな畑があって、シソやミョウガが植わっています。特別な世話をしなくても、自足には十分すぎるほど収穫できます。僕はまだ売れないとき、東京都から土地を無料で借りて、家庭菜園をやっていたので、その楽しさを知っています。

家庭菜園の作業を楽しみ、朝摘みトマトやキュウリ、オクラなどのサラダを朝食で頬ばる。自分で育てた野菜のうまさは格別でしょうし、心だって豊かになります。もちろん、節約効果も大です。

食料品だけではなく、節約ゲームのターゲットは生活のなかにいくらでもあります。光熱費、スマホ代、衣料費……。すべて工夫しだいです。存分にゲームを楽しみましょう。

みみっちい、みじめっぽい。
そんな〝節約〟のイメージを
ゲームが一変させる。

第2章

「人は人、自分は自分」で生きる

人と自分を比べないことも
ひとつの覚悟

人生面白くない、いいことなんか何もないじゃないか……。そんなふうに感じている人には、ある共通項があるように思います。人と自分とを比べているというのがそれです。

人生面白くもなんともないと思うのは、人生を面白そうに送ってる〝誰か〟と比べるからでしょう。いいことなど何もないと感じるのは、いいことに囲まれていそうな〝誰か〟と比べてのことではありませんか。

その一方で、自分よりもっと人生の面白さから見放されている人、悪いことばかりにみまわれ通しの人などを見ると、今度は、

「あいつよりは、まあ、俺のほうがマシか」

と、少々安堵《あんど》もし、いささかの優越感に浸ったりする。こちらも比較することで生まれる感情です。

ここで質問です。人と自分を比べることに何か意味があるでしょうか。どんな立場にいようと、どれほど経済的に恵まれていたって、上を見ても、下を見ても、そこには人がひしめき合っています。

つまり、ときに上を見てしょげ、ときには下を見てはしゃぐ、なんてことをやっていたらキリがないのです。意味のない一喜一憂だと思いませんか。

肝心なのはここからです。人と比べて、

「あいつは面白そうでいいなぁ」

と羨《うらや》んだり、僻《ひが》んだりしていたら、自分がいまより少しは面白くなるのでしょうか。

「あいつよりはマシ」

と見下していたら、自分がもっと、もっとマシになるとでもいうのでしょうか。どちらも、ありっこないのです。人と比べることで自分が変わるなんてことは金輪際ありません。人生面白くない自分は面白くないまま、いいことがない自分もいいことがないままです。

もちろん、この時代に生きている人は、物心ついた頃から競争社会に投げ入れられてきたわけですから、人と比較することが習い性になっている、という面はあるでしょう。

小学校のお受験から高校、大学受験まで、勝った、負けたがあり、就職、結婚、暮らし、といったことでも「あいつの会社は一流、俺は三流」「あいつの嫁は美人、俺のは？？？」とやってきたのではないでしょうか。

しかし、すでに〝実証〟されたように、比べても何も変わらない。比較は何ももたらしてはくれないのです。繰り返しになりますが、あいつの嫁を羨んでも、自分の嫁の「？？？」が好転するなんてことはありません。

そろそろ人と比べるのをやめませんか。「人は人、自分は自分」と腹をくってしまえば、人生、よほどスッキリします。自分の尺度、価値観で生きることができる、といってもいいでしょう。

「わが女房とは、あの屈託のなさが大好きで一緒になった。屈託のなさはいまも少しも変わらない。けっこう、幸せだなぁ」

これが、自分の価値観で生きるということ、自分の尺度で幸せをはかるということです。

日本の思想界の大立て者で、京都学派の創始者の一人でもある西田幾多郎さんに次の言葉があります。

「人は人　吾はわれ也　とにかくに　吾行く道を吾は行なり」

余所見《よそみ》をして人が行く道に目を向けていたら、自分の足元が覚束《おぼつか》なくなります。とにかく、自分の道を行けばいいのです。人生の楽しさも、面白さも、その道にしかないのです。

他人の道の余所見はやめる。
楽しさ、面白さ……何もかも、
自分の道にしかない。

友だちはいれば楽しいが、いなくてもやっていける

「朋《とも》あり遠方より来たる、また楽しからずや」

『論語』にあるよく知られた故事ですが、よき友の存在は人生を楽しくも、豊かにも、幸せにも、また、潤いあるものにもします。大勢友だちがいると自負している人は、わが意を得たり、と思っているでしょうか。

しかし、数を誇るのはちょっと待ってください。みなさんは、友だち地獄というのがあるのを知っていますか。僕の命名ですから、知らないのも無理はありません。説明しましょう。

友だちをやたらにつくり、その数が増えすぎてしまうと、やっかいな問題が

起こります。典型的なのが、年賀状や盆暮れのお届け物。一〇〇人、二〇〇人の友だちに、年賀状を書き、お中元、お歳暮を届けるとなると、その手間も出費も並みの負担ではなくなります。

しかも、なかには顔もよく覚えていないのに、年賀状のやりとりだけをしている相手もいるわけです。お中元、お歳暮だって、相手から送られてくるから、「この人、誰だっけ?」と思いつつ返礼をしている、というケースがあるのではないでしょうか。

これって、手間も出費も無駄だと思いませんか。友だちが大勢いすぎるがゆえのおおいなる無駄。慣例という名の惰性に引きずられた無駄。友だち地獄の命名は正鵠《せいこく》を射《い》ている、とひそかに僕は自負しています。

地獄からは早々に抜け出すにかぎる。手立てはシンプルがいちばんです。年賀状、盆暮れの慣例から手を引くのです。年賀状は出さない、お中元、お歳暮はやめる。

一年くらいは相手から届くことがあるかもしれませんが、二年も経てばやりとりはなくなります。大勢の友だちがきれいに整理されるのです。残るのは一〇人にも満たない、あるいは四、五人かもしれません。

しかし、それが、慣例など抜きでつきあっていける友だちです。掛け値なしに、肝胆相照らす仲の友といっていいでしょう。そういう間柄の友だちが必要最小限いるというのが、五〇代以降になったら、もっとも望ましい人間関係だと思います。

「しかし、整理していったら〝そして、誰もいなくなった〟なんてことにならないだろうか?」

なるかもしれません。なったらなったでいいじゃないですか。本来人は孤独なのです。その本来の姿を楽しめばいい。独りぼっちは寂しいというのは、思い込みでしかありません。

「咳《せき》をしても一人」

俳人、尾崎放哉《ほうさい》の一句です。東京帝国大学法学部卒の学歴をもつエリートでありながら、その恵まれた生活を捨て、極貧生活のなかで俳句三昧《ざんまい》の日々を送った放哉。

この句は深い寂寥《せきりよう》感を漂わせていますが、放哉自身はそれを楽しんでさえいたのではないか、と僕は睨《にら》んでいます。咳をしても誰からも心配されないし、気遣いもされない。それは自由そのものです。なぜなら、心配や気遣いがかえって重荷になることが、人にはあるからです。

尾籠《びろう》な話で恐縮ですが、一人なら放屁《ほうひ》が思うままにできる。そばに誰かがいれば、ところかまわずの〝出もの〟であっても、遠慮しいしいそっと放たなければなりません。

一人なら、大音響を立てようと、小出しに何回にも分けて出そうと、何憚ることはないのです。その解放感、小気味よさは、孤独ならではの楽しみといっていいでしょう。

「屁を放っても一人」

孤独も人生の楽しみの一部です。

友だちが大勢いることの〝不幸〟、
独りでいることの〝愉悦〟、
五〇代以降に知っておくべき
重要課題だ。

夫婦といっても別々の人間、拘束してはダメ

男の晩年に待ち受けている悲哀があります。このところずっと増加傾向にある熟年離婚です。最近は夫から求めるケースも少しずつ多くなっているようですが、やはり、妻が夫の定年退職を機に切り出すというのが、熟年離婚の基本型でしょう。

それまで「仕事」を錦の御旗に掲げ、家事、育児をはじめ、家庭の諸事万端を妻に丸投げしてきた、もっといえば、押しつけてきた夫にとって、突然、妻に見放されるという状況は、悲哀以外のなにものでもありません。

一方、妻の思いは、給料運搬機としての機能をまがりなりにもはたしている

間は、ならぬがまん、できぬ辛抱もしてきたが、その機能を失ったら、なにも「忍」に甘んじていることはない。熨斗《のし》をつけて世間におっぽり出してやる。「ああ、せいせい」というものではないでしょうか。男（夫）の悲哀の裏には女（妻）の至福があるのです。

この熟年離婚の構造は知っておく必要があるでしょう。そのうえで、熟年離婚回避法を考えましょう。

まず、腹に据えておくべきは、現役時代とリタイア後では状況が激変しているということです。そのことに気づかず、現役時代と同じようにふるまったら、妻は確実に離婚ポイント一とカウントします。

それまでは食事の仕度は妻のつとめだったとしても、リタイア後、昼近くになって起きてきて、「おい、メシ」はいけません。夫の生活リズムはリタイア後に大きく変わりますが、妻のリズムにそう変化はないのです。

洗濯のリズムに入っている時間帯に、食事の仕度を強要されたら、「勝手なことといわないで。いい加減にしてよ」となって当然。それまでの家庭状況を変化させたのは仕事を辞め、家に居るようになった夫なのです。

変化をもたらした張本人としての自覚をもち、妻のリズムを崩さないよう配慮することが必要でしょう。

夫婦は一心同体。まったくの幻想にすぎません。だから、幻想からしっかり目覚める。妻は別人格であり、別の世界をもっている、ということを知らなければいけません。

たとえば、人間関係にしても、妻には一緒にお茶を飲んだり、ランチをしたりする相手がいて不思議はないのです。そこで、

「昼食つくってあるから、あたためて食べて、ちょっと出かけるから……」

ということにもなる。ここで文句をいう夫がいるわけです。

「どこへ行くんだ、誰と？　何しに？　昼飯、俺一人で食うのか？」

とやってしまう。離婚ポイント追加です。明らかに妻の世界に踏み込んでい

ます。妻をまるで自分の〝世話係〟かのように扱ってもいる。妻の世界を尊重する、ズケズケと立ち入ることはしない。これも、肝に銘じておくべき重要な心得です。

こんなことを考える夫もいるでしょう。

「女房を旅行にでも連れてってやるか。うん、きっと喜ぶぞ。幸せも感じるだろうなぁ」

夫婦連れ立っての旅行。定年後の夫婦の微笑《ほほえ》ましい風景にも思えますが、妻の胸の内を覗《のぞ》けば、「うれしくないし、幸せでもないし」なのです。ある調査でも、夫と旅行をしたいと考えている妻は一〇％程度でしかないことが明らかになっています。

家で口うるさい亭主と一緒に旅行だなんて冗談じゃない。のんびりできっこないし、疲れるだけじゃない。これが妻の本音でしょう。妻から切に所望されないかぎり、夫婦旅の誘いは控えるのが夫の嗜《たしな》みというものです。

晩年（リタイア後）の男の課題は、まず、「自立」することだ、と僕は思っています。料理、洗濯、掃除程度は自分で何とかこなせるようになる。それが、そのまま、熟年離婚回避の妙手となります。

夫婦は一心同体なんて絵空事。
〝女房心〟を読みちがえたら、
熟年離婚が待っている。

ものを生み出そうと思えば、オタクになるしかない

アニメオタク、漫画オタク、といえば、アニメや漫画にのめり込んでいる人を誰もが思い浮かべるでしょう。最近はオタクの守備範囲が広がって、何かを夢中になってやる人は、すべてオタクでくくられるようです。

蔑称とまではいいませんが、どこかその人を揶揄《やゆ》するニュアンスがオタクにはあります。しかし、見方を変えれば、何かをこよなく愛し、一心にそのことに取り組んでいるということでしょう。

オタクはむしろ誇るべき資質であり、周囲が讃《たた》えるべき生き方である。僕はそう思っています。かくいう僕もオタクの一人。一〇歳の頃、手塚治虫さんの

作品に衝撃を受け、必死に模写をしたことを覚えていますし、以来、漫画への愛着断ちがたく、職業にもしているのですから、押しも押されもしない漫画オタクです。

比べるのは僭越《せんえつ》の誹《そし》りを免れませんが、日本の植物学の父といわれる牧野富太郎博士は植物オタクであっただろうし、かのアンリ・ファーブル先生も昆虫オタクであったことは、疑いを容れません。ある分野で傑出した才能を発揮するのがオタクなのです。

とくにものをつくり出すクリエーティブな分野では、それが顕著のように思います。僕は大の映画フリークですが、スティーブン・スピルバーグもジョージ・ルーカスも、オタクの資質を開花させて現在の地位を築いた、といっていいのではないでしょうか。

日本の漫画界を見ても、オタクがぞろぞろの印象です。二〇一七年のマンガ大賞の受賞作『響～小説家になる方法～』（柳本光晴作）はじつに面白い作品だと思いますが、けっして絵がうまいわけじゃない。真偽のほどは定かではありませんが、受賞した際、アシスタントが思わず、「先生、漫画は絵じゃないんですね」といったとも聞いています。

しかし、漫画としての〝力〟がある。その力の源泉は、おそらく、オタクとしての「熱」なのだ、と僕は思っています。

その熱がテーマの斬新さやストーリーの面白さに繋がっている。絵がうまい人はいっぱいいますが、うまく絵を描けるのが漫画家じゃないのです。オタクであることで発する熱、オタクのなかに沸々とたぎっている熱。それが漫画家に必須の資質といえるかもしれません。

ところが、日本では悪《あ》しき平等主義がまかり通っている。小学生の徒競走でみんなが手をつないで一緒にゴールするというのが典型ですが、集団から抜きん出ることを「よし」としないのです。それが、オタクが不当に貶《おとし》められる背景にもなっていると思います。

しかし、人生後半に入ったら遠慮なんかいりません。堂々とオタク的な生き方をしたらいい。何かにとことん熱中する、夢中で何かに取り組む。

いま、すでに夢中になっているものがあれば、それに関して〝オタク道〟を極めるべくさらに励む。当面見当たらないというのであれば、子どもの頃のことを思い出してみるといいかもしれません。

子どもの頃ワクワクしたこと、時間も忘れて没頭したこと、何かありませんか。子どもには損得勘定も思惑もありませんから、その頃夢中で取り組んでいたことは心底好きなことのはずです。

「そういえば、祭りが好きだったな。夏祭りになると、先頭で御神輿《おみこし》をかついで大声をあげていたっけ」

祭り好きです。太鼓判を押します。日本には各地に地域に根ざした伝統的な祭りがいっぱいあります。それを調べたり、実際に足を運んで体験したり、カメラに収めたり、レジュメを作成したり……。

いわば、市井《しせい》の祭り研究者の道ですが、文化の香りもしますし、アカデミックな趣を感じさせもする。オタク道としては申し分なしでしょう。奇祭などは、生来の祭り好きには〝大好物〟になるにちがいありません。

子どもの頃からの蕎麦っ食い。蕎麦には目がなかったということなら、蕎麦屋の食べ歩きをして、食べた蕎麦や料理を写真に撮り、雑感などを記して、食べ歩きノートをつくるなんていうのも面白いのではないでしょうか。

資料としての価値もありますし、将来、孫たちが、

「へぇ〜、うちの爺《じい》ちゃんこんなことしてたんだ。今度、この店に行って蕎麦でもたぐってみるか」

ということになるかもしれません。自分がつくったものが孫の代、さらにその先の代にまで受け継がれたら、オタク道として本寸法《ほんすんぽう》（落語などの芸をくずしていないこと）、オタクとしては本望でしょう。

善は急げ。早速、何か見つけてください。

オタクには
クリエーティブな力がある。
人生の達人になる素養がある。
めざすことを
堂々と宣言したらいい。

たいていの困難が乗り越えられる三つの魔法の言葉

何度となく困難に直面するのが人生です。さて、それをどう乗り越えていくか。人生を面白くするためには避けて通れない課題です。困難の前で立ち竦《すく》んでしまったり、へたり込んでしまったのでは、人生、面白かろうはずがないからです。

僕は三つの魔法の言葉を大事にしています。ひとつは、すでにお話しした「まあ、いいか」、二つめは「それがどうした」、そして「人それぞれ」です。この三つの言葉でたいていのことは乗り越えていくことができます。

「まあ、いいか」は諦観、諦めですね。人が思い悩むのは、多くは自分がしたことが、思い通りの結果に結びつかなかったときです。

たとえば、仕事だったら、労多くして功少なし、に終わった。人間関係なら、信頼していた人に裏切られた。恋愛であれば、告白したのにあっさり拒絶された、といったケースがそうでしょう。

精神的にはなかなかに困難な状況。そこで、いつまでもクヨクヨしていたり、ひどく落ち込んだりということにもなるわけです。しかし、考えてみてくださ い。いずれも結果は出ているのです。

いったん結果が出てしまったことは、覆せない、つまり、そこに戻ってやり直しなどきかないのです。クヨクヨしていたって、自分を裏切った人が、行為を悔いて、頭を下げにくるということは、万に一つもないでしょう。

落ち込んでいたら、自分をフッた相手が心変わりをして、「あなたの想い受けとめますわ」ということになるのでしょうか。こちらも、まず、あり得ないといっていいでしょう。

だったら、クヨクヨするのも、落ち込むのも、時間の無駄です。「まあ、いいか」と諦めて（現実を受け容れて）、次なる一歩を踏み出したほうがいい。

映画『風と共に去りぬ』のなかで、ビビアン・リー扮《ふん》するスカーレット・オハラがいうこんな台詞があります。

「tomorrow is another day」

明日は明日の風が吹く、という意味です。「まあ、いいか」と気持ちを切り替えて、明日に踏み出したら、そこには別の風が吹いていています。それは、今日の悩ましい風とは打って変わって、清々《すがすが》しい風かもしれませんし、爽やかな風かもしれないのです。

僕は「まあ、いいか」でほとんどのことはすんでしまう、乗り越えていける、と思っています。気持ちがグンとラクになる。しかし、それでもまだモヤモヤが残るというなら、「それがどうした」の出番です。

ある種の開き直りですが、ときには開き直りも必要です。裏切られようと、フラれようと、命までとられるわけではないのです。

「ああ、たしかに裏切られたよ、こっぴどくフラれもしたさ。だけど、それがどうした。俺はちゃんと生きてるじゃないか」

その意気でいきましょう、その意気で！

「人それぞれ」は他人と比較しそうになる自分を戒める言葉です。比較することの愚かしさはすでにお話ししたところですが、それでもふっと比較しそうになっている自分に気づくこともあるでしょう。

それは、嫉妬や羨望《せんぼう》、怨念や邪念で自分を縛ることにも繋がります。だから、「人それぞれ」といい聞かせる。比べなかったら、人生はどんどんシンプルになって、心地よいものになるのです。正味の自分で、自分らしく、生きられるといってもいいですね。

「まあ、いいか」「それがどうした」「人それぞれ」の三点セットは、人生楽しく、面白く生きるうえでの知恵です。ただし、外しちゃいけないものがある。他人様《ひとさま》への義理がそれ。「♪義理と人情をはかりにかけりゃ、義理が重たい」のが男の世界です。

義理を欠いての「まあ、いいか」も「それがどうした」もいけません。義理の前では封印です。

「まあ、いいか」

「それがどうした」

「人それぞれ」。

困難を乗り越え、人生を面白がる、
珠玉の言葉、三点セット。

何でもやってみれば、強烈な好きが見つかる

僕がまだ学生だった頃の話を少ししましょう。アルバイト三昧。そんな学生生活でした。とにかく、話がきたアルバイトは手当たり次第、何でもやりました。やってみないことには何が自分に向いているか、自分はどんなことが好きなのかがわかりません。

通訳、家庭教師、インド人の家庭での日本語教師、レストランのお運び、ホテルのボーイ、工事現場、ゴミ掃除……。いちいちあげていたらキリがないほどですが、どれも自分には向いていないことがわかりました。

大学時代は漫画研究会に籍を置いていたので、レストランのメニューをつく

ったり、焼き肉店のガラスにステンドグラスの下絵を描くようなアルバイトもしました。「おっ、これはなかなか面白い」。こちら系はそんな印象をもちました。結局、それが現在の仕事にも繋がっている。

実家からの仕送りもけっこうあったし、アルバイトでも稼いでいましたから、裕福な学生でした。銀行預金の残高も増えるばかり。ちなみに、学生時代に開いた預金口座が、支店は変わりましたが、そのまま現在のヒロカネプロダクションの口座になっています。

若い世代には、「何がやりたいか、わからない」という人が少なくありませんが、結局、頭で考えているだけで何もやっていないのじゃないかと思います。やりたいことがわかってからやる、という姿勢ではいつまでたっても動けない。大江健三郎さんの『見るまえに跳べ』というタイトルの作品がありますが、まさに至言。まず、やってみて、自分に合わない、面白くない、ということなら、やめて、また、別のことにトライすればいいのです。

定年後についても同じでしょう。いざ、リタイアしたものの、何をやっていいかわからずに、日がな家でゴロゴロ。妻に「家に居られたら片づかないから、どこかに出かけてよ」などと睨《にら》みをきかされ、肩身の狭い思いをする。

いわゆる悲しき〝粗大ゴミ〟ですが、そんな事態になるのは、明らかに準備不足です。少なくとも五〇代になったら、定年後を視野に入れて、動き始めるべきでしょう。

休みを無駄にしない。土日を無駄にすごしていませんか？　昼からビールでも飲んで、プロ野球のデーゲームをテレビ観戦なんてすごし方をしていると、定年後に確実にそのツケがまわってきます。

時間が自由に使える土日こそ、先を見越した時間の使い方をしないと、将来に禍根を残すことになる。たとえば、ボランティアに参加してみる、蕎麦打ち教室に通う、自宅がある地域の歴史や風習について調べる……。その気になれば、やることはいくらでもあるはずです。

ボランティアに興味が湧けば、定年後に有償ボランティアで幾ばくかの収入を得る道が見えてくるし、蕎麦打ちの腕が上がったら、自宅で小さな蕎麦屋を始めたっていい。地域の歴史や風習に詳しくなれば、地域ガイドとして定年後を充実して送ることもできるでしょう。

どんな分野でもエキスパートの域になれば、みずから〝評論家〟として打って出ることもできない話ではありません。世に評論のタネは尽きませんから、たとえば、インスタント味噌汁を飲み尽くし、一家言をもつレベルになったら、案外、「朝にうまいインスタント味噌汁のトップテンをランキングしてください」なんて依頼がどこかのメディアから舞い込むかもしれません。

定年後、蓄えを切り崩して暮らしを立てるというケースもあるでしょうし、それが不安に繋がることもあると思います。たとえ、月に三万円でも、五万円でも稼げるとなったら、気持ちのうえでずいぶんちがってくるはずです。

備えあれば憂いなし、です。ゆめゆめ準備を怠らないでください。

一歩踏み出さなければ
何も始まらない。
年代、世代を問わず、
これが人生面白くする法則。

夢があれば前に進む力が生まれる

生きる推進力になるのが夢です。その実現のために努力をすることもできるし、つらいことに耐える力もつきます。しかし、これは持論ですが、夢の九割はかなわないと考えたほうがいい、と僕は思っています。

そう易々《やすやす》と実現できる夢ではスケールも小さいものになるでしょうし、だいいち、面白みがないのではありませんか。わずか一割しかかなわないから、奮い立ちもするし、挑むことに醍醐味《だいごみ》もあるのです。

夢を追いつづけることはロマンでもある。ただし、九割はかなわないのだから、人生を台なしにすることもあるわけです。たとえば、司法試験突破を夢に掲げるのはいいのですが（現在は、法科大学院修了または予備試験合格後、五年で五回まで）、延々と諦められないということであったら、その人生は実り

郵　便　は　が　き

料金受取人払郵便

代々木局承認

1536

差出有効期間
平成30年11月
9日まで

1 5 1 8 7 9 0

203

東京都渋谷区千駄ヶ谷4-9-7

(株)幻冬舎

書籍編集部宛

1518790203

ご住所　〒 都・道 府・県	
	フリガナ お名前
メール	
インターネットでも回答を受け付けております http://www.gentosha.co.jp/e/	

裏面のご感想を広告等、書籍のPRに使わせていただく場合がございます。

幻冬舎より、著者に関する新しいお知らせ・小社および関連会社、広告主からのご案内を送付することがあります。不要の場合は右の欄にレ印をご記入ください。　不要 □

本書をお買い上げいただき、誠にありがとうございました。
質問にお答えいただけたら幸いです。

◎ご購入いただいた本のタイトルをご記入ください。

『　　　　　　　　　　　　　　　　　　　　　　　　　　　　　　　　　　』

★著者へのメッセージ、または本書のご感想をお書きください。

●本書をお求めになった動機は？

①著者が好きだから　②タイトルにひかれて　③テーマにひかれて
④カバーにひかれて　⑤帯のコピーにひかれて　⑥新聞で見て
⑦インターネットで知って　⑧売れてるから／話題だから
⑨役に立ちそうだから

生年月日	西暦　　　年　　　月　　　日（　　　歳）男・女			
ご職業	①学生	②教員・研究職	③公務員	④農林漁業
	⑤専門・技術職	⑥自由業	⑦自営業	⑧会社役員
	⑨会社員	⑩専業主夫・主婦	⑪パート・アルバイト	
	⑫無職	⑬その他（		）

ご記入いただきました個人情報については、許可なく他の目的で使用することはありません。ご協力ありがとうございました。

あるものといえるでしょうか。

東京藝大に入るために一〇年も浪人するといった話も聞きますが、これも夢に振りまわされている姿に映ります。藝大に入ったからといって、音楽や美術の世界の第一線に立てるのはほんのひと握りというのが実情。「藝大は出たけれど……」という人が圧倒的多数であることは、知っておかなければいけないのではないでしょうか。

夢にも見切りどきは必要です。言葉を換えれば、人生を台なしにしない程度に、無駄にしない程度に、追いかけるのが現実的な夢であって、それ以上深追いしてはいけない、ということでしょう。

もちろん、夢をもつのに年齢制限などありません。人生後半に入ってからだって、夢があっていいし、夢があることで、人生は楽しく、また、充実したものになるはずです。

「文章を書くのが昔から好きだったから、小説を書いて文壇にデビューしてやろう」

その心意気やよし。実際、遅咲きのベストセラー作家もいますし、夢もそのくらい壮大なものになると気持ちがいい。ただし、ものを書くことをなりわいにしていくのは、きわめて狭き門でもあります。

上手い下手はともかく、文章を書くだけなら誰にでもできます。つまり、競争相手はそこらじゅうにいるわけです。そこから一歩も二歩も抜きんでて、編集者の目にとまり、さらには読者を獲得していくには、才能も、運も、縁も、必要になるでしょう。

その点でいえば、漫画家は比較的競争率が低いとはいえます。ストーリーが書けて、画も描ける人はそれほど多くないからです。もっとも、こちらの世界も成功者となると、ごくわずかしかいないのが現実です。

人生後半の夢のいいところは、それが必ずしもお金に結びつかなくても、生活に支障がないことではないでしょうか。夢が人生を台なしにすることはまずない、といっていい。

文章が書きたければ、小説でも、エッセイでも、ドキュメンタリーでも、おおいに書けばいいのです。結果的にそれが日の目を見ることがなくても、夢に向かって邁進《まいしん》している間は、やりがいを感じられるし、潑剌《はつらつ》として生きることができます。

自分史を書いて、少部数印刷し、親しい友人や知人に配るなんていうのもいいかもしれません。喜ばれるかどうかは別にして、読者限定ではありますが、ちょっとした〝デビュー〟気分を味わえそうですし、立派な夢の実現です。

絵を描いたり、焼き物を焼いたり、といったことも、最上級の夢はギャラリーで個展を開くことに置きながら、〝隣近所展〟や〝家族展〟で終わってもいいじゃないですか。

人生後半で大事なのは、自由に夢をもって、いきいきと生きる、というそのことです。

九割はかなわなくても
夢をもつことは大事。
身の丈に合った夢の実現が、
人生を楽しく、
充実したものにする。

目の前のことを一生懸命にやる

人生一世紀時代のいま、その長丁場をどう生きていくかが新たな課題のようにも思えますが、基本は変わらない、と僕は思っています。古希を迎えてこれまでを振り返ってみると、三〇代、四〇代の頃から生き方のスタイルはほとんど変わっていません。

とにかく明日の締め切りに間に合わせる、目の前のことを一生懸命やる。一貫してそんな毎日だったような気がします。将来の人生プランを考えたこともありませんし、考える余裕などなかったというのが、正直なところです。

漫画家という仕事はオファーがなくなったら、それでジ・エンド。将来のことを考えたら、不安だらけの浮草みたいな稼業なのです。

刹那主義というと、その瞬間さえよければいい、といった一時的な快楽を求める生き方と受けとめられていますが、本来はそうではないでしょう。どの瞬間も、目の前にあることを全力でこなしていく。刹那主義とはそういうことなのだと思いますし、その意味では僕は刹那主義者です。

人生が一〇〇年に延びようと、それが刹那の積み重ねである、という基本は変わりません。ちゃらんぽらんにことをなした刹那も、自分の人生として積み重なっていくのです。

こんなことをいう人がいます。

「俺はまだ本気を出しちゃあいないんだ。やるときがきたら、そりゃあ、やってやるよ。本気を出すさ」

自分の意にそまない仕事、面白くない仕事を与えられたときなどに、よく口にする台詞でしょうか。じゃあ、聞きますが、やるときっていつですか、どんなときがきたら本気を出すのでしょうか。

断言してもいい。この種の手合いは、永遠に本気を出さず仕舞いで、人生を終えることになります。

待っていたってやるときなんかきません。しばらく前の流行語を借りれば、やるときは「いまでしょ」、本気を出すのは「いまでしょ」です。

常に目の前のことに本気を出して取り組む。それ以外に本気の出しようなんかないのです。

一生懸命やっていれば、本気を出していれば、必ず、誰かが見ていてくれます。すでに死語になってしまった感がありますが、かつて「お天道様が見ている」といういい方がされたものです。

人は人とのかかわりのなかで生きていますから、本気で粛々と自分の役割をこなしている人が〝黙殺〟されることはない、と僕は思っています。友人や知人、あるいは仕事の上司や関係者……誰かしらがお天道様の目になってくれるはずです。

人生のどのステージ、どんな場面でも、目の前のことに〝本気を出して一生懸命〟が、生きる基本スタンスです。じつはそのことが、人生を楽しむことに、人生を面白く生きることに繋がっている。

どんなことでも、手を抜いて、中途半端にやったら、楽しさも、面白さも感じることはできません。一生懸命やるから、楽しさ、面白さが実感されるのです。

たとえばの話、食事でもテレビを観ながら、ゲームをしながら、新聞を読みながらしたら、食材の風味も、味つけの美味しさも、わからないでしょう。食事を楽しめない。

食事をすること（目の前のこと）に一生懸命になってはじめて、その風味、美味しさを堪能することができるのです。食事を楽しむとはそういうことではありませんか。

一事が万事です。基本スタンスを貫きましょう。

人生は〝刹那〟の積み重ね。
いつもその刹那に
本気を出さなければ、
一生本気を出せないまま終わる。

整理におけるルールは、ものを増やさないようにすること

断捨離という言葉が流行し、ミニマリズム思想が世間を席巻しています。現代人はとにかくものをもちすぎているということでしょう。貧しさから這《は》い上がってきた高度成長期には、ものを手に入れることが幸せだ、という考え方が日本中を覆っていたような気がします。

しかし、しばらく前から、いくらたくさんのものに囲まれても、それだけではちっとも幸福なんかではないということに日本人は気づき始めた。長くとらわれていた〝もの幻想〟からようやく目覚めた、といういい方ができるかもしれません。

実際、ものが増えれば生活スペースは狭くなるわけですから、暮らしは窮屈なものになるし、快適でもなくなります。おそらく、誰もが人生後半のテーマとしている、ゆったり、快適に暮らす、ということに逆行するのが、ものを増やすことなのです。

整理が必要です。弘兼流の法則があります。たとえば、新しく本を三冊買ったら、その三冊が生活スペースを占領します。前のスペースをキープするには、それまであった本のなかの三冊を捨てる必要があるわけです。

〝買ったら、捨てる〟。これが現状維持の大原則です。弘兼流をいえば、買ったものと同量かそれ以上の量を捨てる、です。下着を三枚購入したら、三枚、もしくは四、五枚捨てる。これならものが増えることにはなりませんから、スペースが狭くなることもないわけです。

思案のしどころとなるのが、高級ブランドものかもしれません。本書の読者は、バブルの恩恵に与《あずか》っている世代だと思われますから、羽振りがよかったその時期にブランドものを買いあさったという人もいるはずです。

しかし、ファッションは時代によってトレンドが大きく変わります。当時は、「すごいスーツ着ているね」「うわぁ、超かっこいい」と周囲に褒めそやされた、ジョルジオ・アルマーニやジャンニ・ヴェルサーチのスーツ、ジャケットも、いまは時代遅れ。デザイン、スタイリングがまったく古くさく、到底、袖を通せるものではなくなっています。

しかも、クオリティが高いのがここにくると仇となる。劣化していないのです。つまり、トレンドを無視して、着ようと思えば、十分に着られる状態にあるわけです。

「まだ、ぜんぜん傷んでないし、二〇万円もしたこのジャケット、あっさり捨てるのは忍びない、つらい！」

という思いになっても不思議はありません。おまかせあれ、弘兼流の捨てるコツがあります。

生ゴミ用の袋に思いきって放り込む。そのまま置いておくと、未練心が覗いて、「やっぱり、こいつだけはとっておこう」といったことになりかねませんから、早々に生ゴミと一緒に袋に入れるのです。

いまは生ゴミとなったものなら、さすがに未練も断ち切られます。諦めがつくのです。これは僕が実際に採用している方法。思い入れの強いものを捨てるにはこの程度の強引な手法が必要でしょう。

よほど愛着が深いものであれば、「いままでありがとうな」と感謝をして、手を合わせるくらいの別離の儀式をおこなうのもいいでしょう。泣いて馬謖《ばしょく》を斬るならぬ、泣いて衣服を切るの図です。

一方、古着屋さんにもち込むという手もありますが、ジャケット一着の引き取り価格の相場が一〇円程度といった話を聞いたことがあります。まあ、寄付するつもりで引き取ってもらえばいいわけですが、近所の古着屋さんだとその前を通ることもあるわけで、

「あっ、俺のアルマーニ、針金ハンガーにかけられて、あんなところにぶら下がっている……トホホ」

という〝悲しい光景〟を目にすることにならないともかぎりません。推奨したいのは、やはり、生ゴミと一緒、です。

ブランドものを
〝生ゴミ〟に見立てられたら、
断捨離もミニマリズムも
思いのまま。
スッキリ、ゆったりの
生活が実現する。

人にまかせたら七割でよし、とする度量をもつ

五〇代以降は仕事でも部下を束ねる立場になっている人が多いでしょう。束ねるといっても、もち前の強面《こわもて》（？）で強権を発動し、部下を牛耳っているだけでは、役割を十分はたしているとはいえません。

部下を育てることも重要な役割です。育てるうえでもっとも大切なのがまかせることです。指示どおりにしている間は、人は自分で段取りを考えたり、工夫を凝らしたりしないのです。

それをするのはまかせたときです。まかされてこそ、人は自分から動く。動くといえば、先の大戦時、日本帝国海軍の連合艦隊司令長官だった山本五十六《いそろく》

に次の言葉があります。

「やってみせ、いってきかせて、させてみせ、ほめてやらねば、人は動かじ」

海軍トップに君臨していた五十六大将にして、人を動かすことの難しさをひしと感じていたということでしょう。この言葉にはつづきがあります。以下がそれです。

「話し合い、耳を傾け、承認し、まかせてやらねば、人は育たず」

まかせて、育てる、という手法は五十六大将のお墨付きです。しかし、人にまかせるのは、これまた、なかなかに難しいことなのです。まかせてみたものの、相手が悩んだり、手間取ったり、躓《つまず》いたり、していると、ついつい、口も手も出したくなる。

「ここはこうすればいいんだよ。じゃあ、もう君は資料集めに専念しろ。それをもとに俺がまとめるから……」

といったことになるわけです。まかせきることができないのです。その結果は明らか。育てるという目的ははたせません。

まかせた以上、決着するまで待つ。さらに、自分が想定していた結果の七割ができていればよし、とすることです。どちらも度量を問われますが、上に立つ者に不可欠なのが、その度量だといっていいでしょう。

人にまかせて、一〇割の結果を出してくれるということは、まず、ありません。とくに経験も知識も技術も、自分に比べれば足りない部下にまかせた場合は、一〇割を望むのはどだい無理なのです。

そのことを理解せず、できなかった三割について叱責などしたら、部下は萎縮してしまい、次にはできるはずの七割もできなくなってしまいます。育てるどころか、スポイルする結果にもなるのです。

五十六大将の「ほめてやらねば」のくだりも、まかせる側の心得として忘れてはいけません。不十分であっても七割できたことをほめる。

「よくやってくれた。きちんとした仕事だった」

できなかったことについて触れるのはその後です。たとえば、
「資料をもう少し丹念に集めたら、俺のフォローは要らなかったな」
などの指摘をする。これはアドバイスにもなっていますから、次の仕事ではそのアドバイスを活《い》かして、八割をクリアできるようになるにちがいありません。まかせたことで、育っている。

自分が逐一陣頭指揮をとって成果をあげることも、仕事の面白さではありますが、自分のもとで育っていく部下を見守ることにも、それと同等、いや、それ以上の面白さがあるのではないか、と僕は思っています。

日本の政治史には「吉田学校」なる言葉が残っています。戦後、内閣総理大臣に就任し、復興を推進した吉田茂のもとで政治の何たるかを学んだ若き政治家が大勢いたため、彼らを〝生徒〟に見立て、この名がついたわけですが、会社に自分の名を冠した「〇〇学校」ができたら、サラリーマンとして、また、リーダーとして、それ以上の楽しさはないのではないでしょうか。

ちなみに、吉田学校は池田勇人、佐藤栄作ら次代の総理を輩出しています。

「俺のもとにいた○○くんが次期社長か」

リタイア後、そんな報が届いたら、至福の喜びでしょう。

〝まかせる〟〝ほめる〟が、
人材育成の二大必須要件。
不備を呑《の》み込む度量も
問われる。

第3章

人間関係、仕事のなかに大切な「学び」がある

お客様に喜んでもらえるという自負が、やりがいに繋がる

若い世代にはピンとこないかもしれませんが、ある年代（五〇代？）以降の人なら誰でも知っている、こんな名台詞があります。

「お客様は神様です」

当時、国民的歌手といわれた三波春夫さんがいったとされるものですが、ビジネスの基本がこれでしょう。神様であるお客様に純粋に喜んでもらえることだけを考える。

僕ら漫画家や小説家はその最たるものだと思います。自分の作品を読者が喜んでくれるかどうか、作品に感動してくれるかどうか。それがまさしく生命線

です。

喜び、感動してもらえたら、いわゆる〝売れっ子〟になるし、そっぽを向かれたらその世界から撤退しなければならない。これはもう、みごとなくらい徹底されています。

料理人もそうかもしれません。喜びや感動を与える料理を提供できれば、その料理人の名も上がるし、店も繁盛するでしょうし、それができなければ、いくら立派な店がまえでも、たちまち閑古鳥《かんこどり》が鳴くということになるわけでしょう。

そこまでシビアなかたちであらわれることはないでしょうが、一般のビジネスでも根底にあるものは同じだと思います。僕は大学を出てから松下電器産業（現パナソニック）に入社し、サラリーマン生活を送りました。

当時の社風には「お客様に喜んでいただいてナンボ」というものがあったような気がします。技術系の人間は喜んでもらえるような製品をたくさんつくる。

文系の人間は喜んでもらうためにそれをたくさん売る。社員全体にそういう自負があって、それが仕事のやりがいにも繋がっていたと思います。

喜んでもらえることを考えることはウケ狙いとはちがいます。僕は一時期、子ども漫画を描いていたことがあります。このときやっていたのがウケ狙い。「どんなものを描いたら、子どもにウケるだろう？」

自分の頭のなかで子どもの心象を想像し、架空のマーケティングみたいなことをやり、作品にするという作業をしていたわけです。しかし、これは自分には向いていなかったし、結果としてもダメでした。

喜んでもらえることを考えるというのは、自分が想定する読者のなかに自己投入していくことだと思います。僕にとってもっとも自己投入しやすいのは、やはり、同世代の読者でした。

同世代の人たちは何に興味をもち、どんな仕事ぶりに憧れ、どのような生き方を求めているのだろう……。ウケる、ウケないではなく、その問いと真剣に向き合っていく。『島耕作』なんかはそうして生まれた作品だと思っています。

別の観点から見ると、最初から結果を求めるのがウケ狙い、結果はついてくるものだと考えるのが「喜んでいただいてナンボ」の姿勢だといえるかもしれません。

たとえば、商品の販売にしても、とにかく「売らんかな」のかまえで、顧客に商品のいいところだけを並べ立てる。これは、ひたすら〝売る〟という結果を求めているわけです。

そうではなくて、顧客の話をよく聞き、望んでいること、求めているものを十分に汲《く》みとって、商品がどこまでそれに応えているかを説明する。こちらは、喜んでもらうということが優先されています。

一時的には前者のほうが成果は上がるかもしれません。しかし、長い目でみれば、顧客に信頼されるのは後者ですし、その信頼が次々に顧客の獲得にも繋がって、逆転現象が起きるのはまちがいのないところでしょう。

さあ、やりがいはどちらにあるか。考えるまでもありませんね。

ウケ狙いでは長つづきしない。
「お客様は神様」の〝思想〟が、
喜びと感動を与える。

昇進するために必要な三つの力

どんな世界であれ、自分が身を投じた世界のなかでのし上がっていくことを誰もがめざしているのだと思います。のし上がっていくというと、他人を踏み台にしても、裏切ってでも、自分が上にいきさえすればいい、という考えのようにとられるかもしれませんが、僕がいうのし上がるとは、そういうことではありません。

自分を高めていく。こちらはこちらで、〝かっこよすぎる〟表現になりますが、ニュアンスとしては、まあ、それに近いのがのし上がる、です。

そのためには三つの力が必要だと思います。「段取り上手」「コメント力」「ものまね上手」がそれです。

段取り上手というのは、計画性があるということです。無計画で出たとこ勝負というのも、破天荒で、魅力なしとはいいませんが、一歩、一歩、足元を固めながら昇っていくには、計画性は不可欠です。

コメント力は、文字どおり、コミュニケーションのなかのどんな場面にあっても、発言できる力のことです。それをつけるには、広く浅くアンテナを張りめぐらせ、情報を集めておくことが必要です。

話題が中東問題やロシア情勢といった、政治的な分野におよんでも、一定程度の見解を語れる。経済、文化、文学、芸能、スポーツ……といった分野も同様です。政治の話はできるけど、経済はからっきし、芸能に関するデータベースは空っぽ、というのでは、コメント力に難ありです。

平昌《ピョンチャン》五輪では日本の女子カーリングチームが銅メダル獲得という活躍を見せ、「そだね〜」「もぐもぐタイム」の言葉が注目を集めました。たとえば、仕事関係者と会談している際などに、先方が、何かの拍子に「そだね〜」を使ったら、それを受け、タイミングをみはからって、

「そろそろいい時間ですし、〝もぐもぐタイム〟にしませんか？　ご一緒に食事いかがでしょう」

というくらいの切り返しはできたほうがいい。どんな話題にもついていける、何についてでも気の利いたことがいえる、というのはジャンルを問わず、仕事上の大いなる武器です。

ものまね上手は、いいとこ取りができること、といっていいでしょう。ここは臆面なしでいきたい。

「あいつのあの部分はすごいと思うけれど、まねするってのはどうもなあ。断固、俺のポリシーを貫く」

まねをしないプライドは評価すべき点があると思いますが、あまりプライドに固執すると頭まで固くなります。のし上がりで必要なのは、むしろ、やわらか頭でしょう。

明治以降の日本の急速な近代化、大国化には、やわらか頭が一役も、二役も買っている、と僕は思っています。たとえば、官軍の制服はフランスの礼服をまねたものですし、明治憲法はドイツ憲法のまね、帝国議会はイギリスのそれに倣ったものです。

刀を捨て、ざんぎり頭で靴をはき、鹿鳴館《ろくめいかん》なんていう西洋館を建て、あちらの舞踏会もどきを臆面もなくやったのも、わが先達たちです。日本人としてのプライドに固執し、ものまねを拒絶していたら、明治以降の近代史はまったくちがったものになっていたはずです。

その背景には、宗教的な縛りがない、という日本の国柄があったのだと思います。キリスト教、イスラム教など一神教の国、地域では、その縛りが強くあります。

つまり、何かにつけて「そんなことをまねたら、アッラーに背くことになる！」という話になるわけです。その点、日本は「八百万《やおよろず》の神」が御座《おわ》す国です。受け入れ態勢盤石、まねることには融通無碍《むげ》、であること他に類を見ないといっていいでしょう。

ものまね上手は、その国柄をきっちり受け継いでいる、ということでもあるのです。遠慮は無用。段取り上手、コメント力とともに、ものまね上手もいかんなく発揮して、のし上がって、いえ、自分を高めてください。

「段取り上手」

「コメント力」

「ものまね上手」。

ビジネスを成功に導く、
三位一体の知恵がこれだ。

身もふたもロマンもないが、昇進の半分以上は運

社会に出ていっせいにスタートをきった同期も、年数を経るごとにポジションの差が生まれます。トントン拍子に昇進して、役員にまでなる人がいる一方で、定年間際にやっと係長、課長という人もいる。終身雇用、年功序列という日本独特の組織のパラダイムが崩れてからは、昇進〝格差〟はさらに広がっているのかもしれません。

ビジネスは実力の世界。実力差があればそれも当然だろう、という人がいますが、僕はちょっとちがう考え方をしています。昇進は運次第。身もふたも、さらにはロマンもないのですが、それが現実ではないかと思うのです。

僕のサラリーマン生活は短いものでしたが、その間、目にした昇進の実態はまさにそうしたものでした。真面目でコツコツ仕事をし、実力も相応にあるのに、課長どまりという人がいたし、みんなから好かれ、人望の点では申し分ないのに、昇進には縁がないという人もいました。

そうかと思えば、実力の点では「?」でありながら、同期のなかでは出世頭という人もいたのです。

実力＝昇進、という図式とはちがうメカニズムがはたらいているとしか思えません。アカデミックな世界はそれが顕著でしょう。たとえば、自分がついていた教授が勇退、あるいは他の大学に移ったために、若くして教授の椅子に座る准教授もいれば、教授が居座っているために、長く准教授にとめ置かれる人もいる。これは運としかいいようがありません。

運についてはこういう話を聞いたことがあります。

運は誰にも平等にやってくる。しかし、それを確実に摑《つか》む人とむざむざ見すごしてしまう人がいる、というのです。たとえば、本社勤めの二人に地方転勤の打診があったというケースで、一人は〝都落ち〟はいやだと断り、一人はそれを受け容れたとします。

数年後、地方で活躍し、業績をあげた一人は本社に呼び戻されて、いいポジションに抜擢《ばってき》され、本社に残った一人は昇進できないままくすぶっている、ということは十分にあり得ることではないでしょうか。

前者は運を摑み、後者は見すごした、という結果です。両者を分かったのは、ある種の「嗅覚」のちがいといえるかもしれません。運を嗅《か》ぎとる力があるかないか。

もっとも、「運も実力のうち」という言葉もありますから、その嗅覚も実力といえなくもない。いずれにしても、純粋な実力ではいかんともし難いものが、昇進には絡んでいるのだと思います。

僕自身もそうですが、周囲にいる人たちを見渡しても、昇進、出世の陰に運あり、という印象が強くあります。その運も漫然とすごしていたら、天から降ってきた、というものではないでしょう。嗅覚で嗅ぎとった、あるいは引き寄せた。

その力になっているのが「気骨」ではないでしょうか。タフな精神、挫《くじ》けない心といってもいいですが、誰もがそれをもっています。誤解を怖れずにいえば、学力優秀なわけでもなく、家柄に恵まれているわけでもないのに、日本を代表する企業人になっている人の多くは、気骨に支えられているという気が僕にはします。

もうひとつは「ポジティブ」であることでしょうか。ものごとをネガティブに考える人からはマイナスエネルギーが放出されます。すると、運は遠ざかっていく。これは絶対法則でしょう。

苦境や土壇場、正念場にあってポジティブに考えられる人が、そのプラスエネルギーで運を確実に摑めるのだと思います。

「俺の人生、運に見放されている」

これが、ネガティブシンキングの典型。誰にだって気骨を鍛えることはできるし、考えをポジティブに振り向けることもできるはずです。要はそれをするか、しないかです。

運を掴むか、見すごすか。
「気骨」と「プラス思考」が
あるかないかで、
両者ははっきり分かれる。

「爺殺し」の極意

どんな業界であっても、上をめざそうとする人には欠かせない要件というものがあると思います。自分より地位、立場が上の人から引き上げてもらえる、目をかけてもらえる、というのがそれです。

ビジネスも人間関係の世界ですから、周囲はいっさい関係ない、何といわれようと自分はわが道を行く、という唯我独尊タイプは摩擦や軋轢《あつれき》を生じやすいといえます。

「あいつは力はあるが、協調性がまるでない」

上司からそう思われたら、出世の道が閉ざされたのも同じでしょう。

「上との関係には自信がある。〝よいしょ〟にかけては、揺るぎない自信がある」

そんな人がいるかもしれません。揺るぎない自信はけっこうですが、残念ながら、相手が大物であればあるほど、本物であればあるだけ、その種の対応は通用しません。

おもねり、おべんちゃら、お世辞、といったよいしょはことごとく、たちどころに、見破られます。媚《こ》びを売るだけの人間を見抜けないようでは、大物にも、本物にも、なれるわけがないからです。

では、上が引き上げたい、目をかけたい、と思うのはどんなタイプでしょう。もの怖《お》じしない。はっきりものがいえる。このふたつが必須条件です。通常、目上の人やVIPを前にすると、緊張感もあるでしょうし、気配りをしなければいけないという思いもあって、ふだんのようにはふるまえないものです。

受け答えにしても、「こんないい方をしたらまずいな」「こんなことをいったら機嫌を損ねやしないか」という気持ちが先に立って、遠回しのいい方になったりする。

それが、相手には歯がゆいのです。おどおどしている人間は小物と見なされますし、ものいいが婉曲《えんきょく》にすぎれば、「何がいいたいんだか、さっぱりわからない。要領を得ないやつだ」と判定されます。

それでは、引き上げよう、目をかけよう、などと思われるはずもありません。もの怖じせず、堂々と、相手の目を見て、いいたいことははっきりいう。大物、本物（つまりは、偉いお爺ちゃんたち）は、これに〝弱い〟。「なかなか面白いやつじゃないか」と人間的な興味をそそられるのです。

そして、肝心なのは笑顔です。もの怖じせず、はっきりものをいうのはいいですが、そのとき仏頂面だったら、ただの〝小生意気な若造〟になってしまいます。笑顔が加わってはじめて、「爺殺し」の三種の神器が出そろうことになる。すなわち、「面白いやつじゃないか。しかも、可愛い」と受けとめられる、というわけです。

そこで、良好な人間関係が生まれる。相手は人生の先輩、サラリーマンの先達として、経験を語ってくれもするでしょうし、それを素直に聞くことで自分自身も成長していくことができる、という関係です。

出世欲で擦り寄ってくる人間に対しては厳しいお爺ちゃんたちも、学びの姿勢で懐に飛び込んでくる人間に対しては、寛容性を惜しみません。何かの折には、「彼にリーダーをやらせてみるか」ということにもなる。

歴史を繙《ひもと》けば、坂本龍馬などは爺殺しの代表格といえるのではないでしょうか。佐久間象山、勝海舟など年長者におおいに可愛がられたフシがありますし、龍馬肝いりの薩長同盟の成立も西郷隆盛からの信頼感なくしてはかなわなかったでしょう。

もっとも著名な三種の神器の使い手は坂本龍馬であった。そう断じてもそれほど的を外れてはいないはずです。

若い世代はもちろん、年齢を経てからも目をかけてくれる人の存在は心強いものです。三種の神器のお手入れ、怠ってはいけません。

もの怖じせず、
はっきりものをいう。
そこに「笑顔」が加わったら、
大物も胸襟を開く。

六〇歳はぺーぺーの新入社員

人生の後半を楽しく、面白く生きるための「関門」が六〇歳に待ち受けています。いまは定年退職を迎える年齢が延びていますから、正確にいえば、六〇代ということになりますが、人生の大きな節目である定年をどう乗りきっていくかで、その後の人生は大きく変わります。

仕事の一線から退くということの意味をよく考えましょう。いちばんの変化は会社の看板もそこでの地位もなくなるということです。現役時代に超一流企業の重要ポストについていようと、定年を機にそれはいっさいご破算になります。それまでのキャリアはきれいにチャラです。

生活の中心的な場は会社から地域に移り、地域では新参者、ぺーぺーの新入社員からのスタートとなるのです。これがなかなか受け容れられない人がいるのです。

たとえば、挨拶ひとつとっても、それまでの習慣が顔を覗かせてしまう。会社の役員という立場にあったら、社内では自分から挨拶をすることは少なかったでしょう。部下の挨拶に応えるスタイルが身についている。

社外の仕事関係者も役員に対しては、深々と礼をするなど、下にも置かない対応をしていたはずです。

しかし、それは役員という肩書きへの丁重さであり、チヤホヤです。そこをとりちがえて、現役時代のスタイルを踏襲していたら、地域では完全に浮いた存在になります。

「○○さんって、こちらが挨拶してもまともに挨拶を返してこないわね。な〜によ、偉そうに、何様だと思っているのかしら？」

といった評が定着してしまう。コミュニケーションは、まず、挨拶から始まります。それができないことには、いい人間関係など築きようがないのです。

新入社員の頃、

「挨拶はビジネスマンのイロハのイだろう。それがちゃんとできなきゃ、社会人失格だぞ」

上司からそんな小言をちょうだいした人がいるかもしれません。地域社会の新入社員も同じです。〝地域人失格〟の烙印《らくいん》が容赦なく押されることになる。向こう三軒両隣の住人に対してはもちろん、顔見知りに出くわしたら、自分から挨拶をする。それが新入社員の心得です。

定年後には地域の集まりやイベントなどで新たな出会いもあるでしょう。はじめて会った相手とはたがいに簡単な自己紹介をすることになると思いますが、ここにも注意ポイントがあります。

「わたし、○○商事の専務をやっておりまして、若い頃は海外生活も五年ほど経験しました」

つい、過去のキャリアをもち出してしまう。これも御法度《ごはっと》です。キャリアに誇りをもつのはいっこうにかまいませんが、それは他人に吹聴するものではないでしょう。誇りは胸に秘めていてこそ価値あるものです。

相手からキャリアを尋ねられたら、

「商事会社にお世話になっていました」

といった程度に返答するのが、新入社員の嗜みというものです。何かにつけて過去のキャリアを語る人間は、まちがいなく、周囲に煙たがられ、敬遠されます。

自分を語るなら、趣味の分野とか出身地とか、人間としての自分の属性を語るのがいい。

「このところ将棋に凝っていましてね。ヘボもいいところですが、一度お手合わせ願えませんか?」

「わたし、信州の出なんですよ。田舎ですが、まわりの景色はきれいですよ。わたしの唯一の自慢です」

こんな爺さんなら、地域は双手《もろて》をあげて歓迎してくれます。地域に溶け込んだ晩年は、楽しくないはずがありません。

地域にも〝新入社員心得〟がある。
現役時代の地位も
肩書きも脱ぎ捨てて、
イチからその心得を実践する。

オタクを極めてプロになる

オタクについては他の項目でも触れましたが、ここではオタクであることを活かして、収入の道を探る方法を考えてみることにしましょう。僕には思い浮かぶ友人がいます。

東京農大の網走分校で教鞭をとっていた男です。彼は網走に赴任したのを機に、雄大な北海道の自然を被写体にした写真を撮ることを趣味にしたのです。趣味は次第に本格化しました。

冬の寒い時期でも夜がまだ明けやらぬうちから、さまざまなところに出かけ、シャッターチャンスをうかがう。気象条件などで思うような写真が撮れないときは、妥協せず、何度でも足を運ぶ、という具合ですから、「病膏肓《やまいこうこう》に入る」の域、気分はプロカメラマンです。

そんな彼が日の目を見るときがやってきました。撮影した摩周湖の写真が写真集にまとめられて出版され、写真の一部は絵はがきになって、土産物店で販売されるという、願ってもない流れとなったのです。

当然、その収入があるわけですから、プロの写真家誕生です。大好きな趣味が収入に繋がっている。これは、理想的な仕事のかたちでしょう。

ミュージシャンやアーティストなどは、はじめからこのかたちをとっているといえるかもしれませんが、一般的には好きなことをして稼いでいる人はほとんどいないといっていいでしょう。

サラリーマンは収入を得るために、いやな仕事もしなければいけないし、下げたくない頭を下げなければならない、聞きたくもない能書きを聞かなければならない、といった局面もあるのだと思います。

〝忍従〟はサラリーマンに欠かせない素養であり、課せられた宿命といってもいいかもしれません。

現役引退後はうっぷん晴らしといきませんか。

くだんの大学教授に倣って、好きなことを徹底してやり、それで食い扶持《ぶち》を稼ぐのです。もちろん、食い扶持になるほどの額を得るのは大変ですが、たとえ、わずかであっても収入があれば、好きなその道のプロ。うっぷんは晴れるのではないでしょうか。

もちろん、プロのレベルになるのは簡単なことではありません。ですから、早い段階から準備を進める。六〇歳で現役引退なら、少なくとも五〇歳から一〇年間、好きな趣味に心血を注ぐ。

僕の感触からいえば、一〇年間とことんやれば、一応、プロといえるレベルにはなれるのではないでしょうか。

たとえば、大工仕事（ＤＩＹ）が趣味だという人は、土曜、日曜にそれに打ち込むのです。単純計算すれば、土日は一年間に約一〇〇日あります。一〇年間では一〇〇〇日です。

いまは、ＤＩＹ用の機材にもすぐれものがありますし、修行期間が一〇〇〇日あるわけですから、そこそこの腕前にはなります。住まい関係の修理や改造などは難なくこなせるでしょう。

ただし、自宅のことだけをやっているのでは収入にはなりません。そこで、隣近所の修理や改造を請け負うようにする。その際のポイントは、破格に安い料金でいいから値段設定をするということです。

隣近所のよしみということがあるのだから、ただでやってあげるのがいい、と思うかもしれませんが、じつはそうではないのです。ただでは先方が何かお礼をと考えますし、頼みにくいということもあるのです。

値段設定をしておくほうがおたがいにスッキリして格段に頼みやすい。

「棚を吊って欲しいのだけれど、ご主人にお願いしてくれる？」

「棚ね、棚は五〇〇〇円よ。毎度ありがとう」

何の気兼ねもなく商談が成立します。もちろん、これは一例にすぎません。

好きなことなら何でもいいのです。六〇歳からプロになるべく、修行一〇年をスタートさせましょう。

好きなことなら、
修行一〇年で、
プロのレベルになって、
収入の道が開ける。

小さな締め切りをいくつもつくる

仕事でもそのほかのものごとでも、期限までにきっちり仕上げる人とルーズで遅れる人がいます。信頼されるのはもちろん前者。信頼感は人間関係を支える基盤でもありますから、期限を守れない人のまわりからは、一人、また一人と人が遠ざかっていきます。孤立した寂しい生活への道筋が引かれる、といってもいいでしょう。

このタイプは計画的な思考ができない、段取りを考えられないのです。締め切りがある僕の仕事ではこれは致命的。誌面に穴を開けることにでもなったら、オファーもなくなり、仕事でかかわってくれていた人たちもいなくなります。

そうならないために僕は流儀を決めています。たとえば、描き上げなければいけない原稿の残りが一〇ページあって、一ページ描くのに一時間かかるとしたら、ページごとに仕上げ時刻を決めます。

とりかかっている原稿《ページ》の仕上げが午後二時半であれば、次のページの仕上げは午後三時半、次は午後四時半……という要領です。つまり、〝小さい締め切り〟をいくつもつくるわけです。そして、その締め切り時刻を原稿の端に小さく書きこみます。

実際の締め切りだけしか想定しないで仕事を進めると、ずれ込む可能性がありますが、この方式だと確実に締め切りを守ることができます。

漫画はページ構成によって仕上げる時間が変わってきます。たとえば、人物を大勢描かなければいけないページは時間がかかりますし、風景や背景が多いページはそれほど時間がかかりません。

そこで、僕はいまあげた方式をさらに発展させ、一時間二〇分かかるページ、三〇分で仕上がるページなどに分けて、仕上げ時間を決めています。午後二時三〇分の次のページの仕上げが午後三時五〇分（一時間＋二〇分）、次が午後四時二〇分（三〇分）という具合です。

こうした小さい締め切りを睨んで、描く作業をペースアップしたり、少々、余裕をもって進めたりしながら、それをクリアしていき、全体の締め切りに間に合わせるというわけです。

段取りよくことを進めるうえで、小さい締め切りは非常に有効です。現役を退いてからの生活は、時間が自由であるぶんだけ、怠惰に流れることになりがちなのではないでしょうか。

「おっと、もう昼前か。よく寝たなぁ。今日は少し長い距離を歩こうかと思っていたけれど、やめておくか」

ともすると、そんなことになる。水が低きに流れるごとく、人は易きに流れますから、いったん怠惰に身を置くと、どんどんその方向にいってしまうこと

にもなります。その結果、
「思い返せば、怠惰な人生」
という残念なことにもなりかねないのです。生活に小さい締め切りをもち込みましょう。起床時間、朝食、昼食、夕食くらいは決まった時間にとるようにする。つまり、七時起床（完了）、八時半（朝食完了）、午後一時（昼食完了）……というふうに、締め切り感覚で完了（仕上げ）時間を決めるのです。

これだけで、生活はメリハリのある規則正しいものになります。

行動に関しても小さい締め切りをつくって動く。たとえば、旅に出かけるというケースなら、切符の手配の締め切り、宿選定の締め切り、宿予約の締め切り、といったようにするわけです。

これなら出発間際になって、切符がとれない、宿が空いていない、などという不測の事態は起こりませんし、いざ現地に着いてから、

「こんな旅館だったのか。もう少し風情があるところに泊まりたかったのにな

ぁ。失敗した」

といった旅情減殺の事態も回避できます。小さい締め切りの汎用範囲は広いのです。活用しない手はありません。

段取りは締め切りを
設けることで生まれる。
一日を締め切り感覚で捉《とら》えると、
メリハリのある生活が送れる。

マネジメント感覚の底辺にあるのは、収支の意識だ

かつてサラリーマンが人生を謳歌《おうか》した時代がありました。いうまでもないと思いますが、バブル全盛期です。接待と称して贅沢グルメを食らい、高級クラブで高い酒を鯨飲し、タクシーで遠距離ご帰還……。それがアフターファイブのお定まりの〝業務〟だったのです。

もちろん、自前でまかなえるわけもない。誰もがこれぞサラリーマンの特権、「どうせ会社の金なんだから、使えるだけ使っちまえ！」という意識で、豪毅《ごうき》に浪費に勤《いそ》しんでいたのです。通常業務でも、たとえば、レコード会社が海外でレコーディングするなんてことがザラでした。大挙して

ロスだ、ニューヨークだ、ロンドンだ……と繰り出していたわけですが、かかる経費を考えたら、いくらレコードが売れたってペイできない。収支度外視で仕事をしていたとしかいいようがありません。

バブル崩壊後、倒産が相次ぎましたが、そんな放漫経営が祟《たた》ってという会社も少なくはないはずです。

人生も収支の意識をもたないと崩壊しかねません。実際、クレジットカードを使ってブランドものの洋服やバッグ、装飾品などを野放図に買い、自己破産するといった例はあとを絶ちません。

サラリーマン時代であれ、リタイア後であれ、入ってくるお金は決まっているのですから、それをしっかり見据えたうえで、見合った使い方をすることが、人生を失敗しない重要ポイントになります。

収支の意識をもつことはコストパフォーマンスを考えるということにも繋がるのではないでしょうか。いわゆる、費用対効果ですが、たとえば、遊びでもこれを考えないと、中身が薄いものになるのです。

グループで旅をするケースで、予算が一人五万円だとします。せっかくの旅だからいいホテルに泊まろうと、一泊三万円のホテルをとったとします。しかし、その旅が現地に行って観光をし、夜はホテル外で遅くまで飲食をするというものだったら、ホテルには寝に帰るだけ、ということになりませんか。

そのために三万円の出費は、いかにもコストパフォーマンスが悪いのではないでしょうか。食事でその地の美味、珍味を堪能しようにも、

「ちょっと待った。それを注文すると予算オーバーになっちまう。今回は食すのを諦めるしかない」

と幹事の〝ダメ出し〟にあったりする。安手の食事をチマチマといただくなんて、旅の醍醐味どころの話ではなくなります。

四〇〇〇円～五〇〇〇円程度のビジネスホテルにすれば、二万五〇〇〇円が飲食代にまわせる。これなら、美味、珍味も、美酒、珍酒も存分に楽しむこと

ができます。こちらのほうが、ずっと旅としてのコストパフォーマンスは高いし、中身も充実したものになるはずです。

一方、温泉にのんびりつかる旅であれば、旅館代を奮発するのがいいかもしれません。料理もうまいだろうし、サービスもいい。部屋に檜の露天風呂があったり、と施設の充実度も安旅館とは雲泥の差があります。

予算（収入）をいかに有効に、上手に使う（支出）か。収支の意識の高低が、コストパフォーマンスを決めるし、その旅のマネジメントの巧拙を決定します。

ちなみに、僕は地方に取材にも出かけますが、出版社はいいホテルをとってくれようとします。その際、僕は決まってこういう。

「ホテルは安いところでいいよ。そのぶんみんなでうまいもん食おう」

いつもコストパフォーマンスを
考えていれば、
生活も、遊びも、
失敗することがない。

四〇代の転職は、夢を追いかけている場合ではない

人には世代ごとにクリアすべき課題があるように思います。二〇代の課題は修行とチャレンジ。多くの人が社会人としてはじめて仕事につくわけですから、とにかく自分を鍛える。最近は就職して一年も経たないうちに、「この仕事は自分に向いていない」と辞めてしまう人が少なくないようですが、たかが一年くらいで向き、不向きがわかるはずがないのです。覚えるべきこと、学ぶべきことはたくさんあります。

石の上にも三年ではありませんが、いったんついた仕事は修行のつもりで、一年、二年は懸命にやってみることが必要でしょう。そのなかでチャレンジ

（トライ）していく。二〇代は失敗しても上司や先輩がフォローしてくれますし、トライ&エラーを通して成長していく時期です。若さという活力でアグレッシブに仕事に取り組みましょう。

三〇代は実績づくりの時期といえるでしょう。自分の仕事のスタイルを確立するとともに、社内での立ち位置を固める。「この仕事ならあいつにまかせておけば大丈夫」という得意分野をもつ必要もあると思います。

四〇代は仕事上、もっとも脂がのってくる時期です。相応のポジションにもつくでしょうし、人を動かし、自分の流儀で仕事をつくり出していくのが、この時期の課題です。

仕事に対する自信もついてきますし、「ここで新天地に打って出るか」と転職を考える人がいるかもしれません。転職に夢をかけるのは悪いとはいいませんが、それまでの経験、キャリア、スキルを踏まえる、ということが条件になるのではないでしょうか。

もちろん、仕事の実績や腕を買われてヘッドハンティングされる、ということなら申し分なしですが、夢に引っ張られて転職するということには、僕は懐疑的です。

夢をもつのは美しいこと、もたないのはロマンに欠ける、といった風潮があるようですが、これにも僕は反対です。たとえば、子どもの頃からサッカー選手になるのが夢だったからといって、四〇代になってからそれがかなうでしょうか。絶対に無理です。

これは極端な例ですが、一般の仕事でもまったく畑ちがいの分野で夢を実現するのはきわめて難しいといえるのではないでしょうか。本が好きで本づくりがしたいという夢があっても、それまで製造メーカーに勤め、四〇代で出版社に転職したとして、そこで成功するかといったら、おそらくそれは望めません。

夢は願えばかなう、というのは成功した人がいう台詞です。夢を実現するためには、経験や人脈といった〝願い〟〝思い〟とは別のさまざまな要素が不可欠になります。

だいいち、夢をもっていないということは、現実に立脚しているということでしょう。人は現実を生きるのです。四〇代以降は実現できない夢を追いかけている場合ではありません。

美しい夢、遠大な夢は
もたなくていい。
実現できるのは
現実を踏まえた
ささやかな夢だ。

親の介護から逃げない

高齢化社会が加速するなかで、介護の問題がますます深刻なものとなっています。誰もが避けて通れない。それが親の介護でしょう。ところで、介護問題が取り沙汰されるようになったのはいつ頃からでしょう。

かつての日本では祖父母世代、親世代、子ども世代の三世代が同居するのがふつうの家族の在り様でした。その時代には介護という言葉さえありませんでした。

祖父母世代の介護が必要になったら、親世代、子ども世代（祖父母にとっての孫）が協力してお世話をしていた。働き手である親世代より、むしろ、子ども世代がその中心であったかもしれません。

三世代同居という大家族制のなかで、そのかたちは受け継がれていたのです。

しかし、現在、家族の在り様はすっかり変わり、核家族化が定着しています。もちろん、その是非については議論の余地があると思いますが、介護という面からいえば、苛酷な時代といえるでしょう。

それを象徴するのが親の介護のために会社を辞める「介護離職」であり、高齢者（六五歳以上）である妻（夫）が夫（妻）の介護をする、あるいは高齢の子ども世代がその親を介護する「老老介護」です。

介護について考えるようになるのは五〇代以降でしょうか。とくに定年後は介護が、そして親の死を見届けることが、最大の仕事になるといっていいかもしれません。

大変さのちがいはあっても、いつかは必要になるのですから、介護については早い時期から夫婦で話し合っておくべきだと思います。いざ、介護が必要になってからでは、目の前の対応に追われ、想像以上の負担を強いられることになりかねません。

介護を考えるうえでまず念頭に置くべきは「無理をしない」ということでしょう。肉体的な面でも、精神的な面でも、経済的な面でも、無理をすると家庭崩壊にも繋がるからです。

夫の親の介護をもともとは他人である妻が一人で担ったり、施設にかかる費用を無理やり捻出したり、といったことがつづくはずがありません。無理をしない範囲でできるかぎりのことをする。それが介護の基本です。

まだまだ、到底、十分とはいえませんが、介護支援もさまざまにあります。それらの情報を集め、検討する。介護に着手する前にやっておくべき必須の準備だといえます。

どの段階までは自宅介護にするか、介護サービスはどう利用するか、施設にかかる費用はどの程度負担できるか……。夫婦だけではなく、きょうだいや子どもたち、あるいは親戚も交えて、じっくり話し合い、コンセンサスを得ておく必要があるでしょう。

なかには長男の家族に押しつけたり、実の娘がすべてを背負い込んだり、といったケースもあると聞きますが、介護は肉親者が協力して引き受けるべきものです。いずれは誰もが介護をしてもらうようになる。明日はわが身なのですから、責任逃れなんてことをせず、集団負担態勢で臨みましょう。

介護について僕はひとつアイディアをもっています。リタイア後といってもまだまだ、体力、気力がある人がたくさんいます。その人たちに介護ボランティアになってもらう、というのがそれです。

おむつ替えや入浴介護が必要な人が相手では難しいと思いますが、見守るだけ、ちょっと手を貸すだけでいい、という人であれば、そうしたボランティアでつとまるのではないでしょうか。

家族が仕事をして、家を空けている日中、ボランティアが介護を受けもち、帰宅したら家族と交代する。昼食代と交通費程度を支払うという条件なら、ボランティアの収入にもなりますし、家族の経済的な負担もそう重くはならないでしょう。介護離職もしなくてすみます。

行政が旗振り役になってくれれば、すぐにも実現できるのではないか、と思うのですが……。

明日はわが身になるのが介護。
無理せず、精いっぱい、
それぞれができることをやる。

第4章

さらに人生を面白くする新しい老いのデザイン

五〇歳を過ぎたら、男子厨房に入ろう

家庭のなかで男女（夫と妻）の役割分担がはっきりしていた時代にいわれた、よく知られた諺《ことわざ》があります。

「男子厨房《ちゅうぼう》に入らず」

男たるもの、台所に入って料理をつくるなどもってのほか。沽券《こけん》というものを考えよ、といったほどの意味でしょう。この言葉、孟子の「君子遠庖厨《くんしはほうちゅうをとおざく》」の日本流アレンジ版のようですが、女性の社会進出めざましく、その勢い男をしのぎ、家事分担は常識、となっているいま、すでに死語といってもよさそうです。

しかし、時代錯誤の頑固者はいる。厨房に入るのはいまだ真っ平という、そんな人にこそ、僕は料理をすすめたいのです。男が料理を始めるきっかけは酒(下戸の人はこれにあたりませんが……)です。

一杯やろうにもつまみがない。冷蔵庫を開けるとタマネギがある。こいつを刻んでかつぶしをパラリとかけ、醤油をたらして、「おお、できたじゃないか、オニオンスライス」。

たいがいが、酒のつまみ欲しさから庖丁を握ることになるのです。僕もこれが男の料理入門の〝王道〟だと思います。

男の料理人が多いことからもわかるように、本来、男は料理に向いているのです。間口は広いし、奥行きは深い。ほんの数分でできる簡単料理も少なくありませんし、どこまできわめてもまだ奥がある。ほんの趣味的にやるのもいいし、男子一生の仕事にする価値も十二分にある、というのが料理の世界だといっていいでしょう。

しかも、クリエーティブです。料理にクリエーティビティが発揮された顕著な例は、「たらこスパゲティ」かもしれません。西洋もののパスタのソースに、日本人が好む食材であるたらこをもちいた。このみごとな創造的コラボレーションで、たらこスパはパスタの人気メニューとなりました。

この例もそうですが、自分の発想や技倆《ぎりょう》を投入してつくった料理を誰かが食べてくれて、美味しいといってくれたら、これほど楽しいことはないじゃないですか。

喜んでもらうために創造力を駆使する。そのあたりは漫画を描くことも料理をつくることも、根っこは同じような気がします。僕自身のことをいえば、若い頃は料理人になろうかと思ったくらい料理が好きですし、いまもおおいに楽しんでいます。

料理に必要な要素は企画力、段取り、予算設定でしょう。どんな食材を使って、どのような料理をつくるかは企画力ですし、料理の手際は段取りによって決まります。

ごはんを炊きながら、湯をわかして味噌汁をつくる。その間に味噌汁の具の下拵《したごしら》えもしなければならない。同時にグリルでは魚を焼く……というふうにいろいろなことを同時進行するわけですから、段取りよく運ぶことがそのまま料理のできばえにも直結します。一つ一つやっていたら、完成した頃にはどこかの皿が冷めています。

また、家庭でつくる料理では贅沢な食材をふんだんに使うことはできませんから、予算設定も欠かせません。

こう考えてみると、料理にはビジネスと共通するところがずいぶんあるのではないでしょうか。いまあげた企画力、段取り、予算設定は仕事でも必ず求められる要素でしょう。

その意味でいえば、料理の腕を磨くことは、ビジネス脳を鍛えることでもある、というういい方ができるかもしれません。

六〇代以降になると、連れ合いに先立たれることも考えられます。残された場合、料理ができない男は毎日コンビニ弁当ということにもなりかねません。味気ない食生活です。

五〇代から厨房に入り、料理に慣れ親しんでおく。将来に向けた人生設計の重要なテーマです。

料理に必要な三つの要素は、
ビジネスにも共通する。
料理の腕を磨き、
ビジネスのスキルを上げる。

老いは正しい成長。その変化を楽しむ

生老病死を四苦、つまり、四つの苦しみだとしたのは釈迦です。どれも自分の力ではいかんともし難い。いつ、どこで、どんな親のもとに生まれるかを、自分で決めることはできないし、老いも病も死も、いくら避けたいと願おうが、そうなるときはそうなるのです。

いかんともし難いこと、どうにもならないことが、苦しみをもたらすとするのが仏教の考え方のようです。

このうち、老いについて詩人の萩原朔太郎はこういっています。

「老いは成長でもなく退歩でもない。ただ、変化である」

人は生まれ落ちてから死に向かって、絶えず変化をしています。老いもその変化のひとつですし、老いが退歩だとは思いませんから、この点は詩人におおいに同意するところですが、成長でもなく、という部分が僕にはちょっと引っかかるのです。

僕の感覚からいえば、老いは〝正しい成長〟です。なにもいい結果がもたらされることだけが成長ではないでしょう。歳をとってもの覚えが悪くなるのも、目がかすむのも、耳が遠くなるのも、身体の動きが悪くなるのも、死に向かって正しく成長していることだ、と僕は考えています。

死をもってその成長は終わるわけで、死のその瞬間までは成長はつづく。生のサイクルとはそういうものでしょう。

昨今はアンチエイジングばやりで、熱心に取り組んでいる人が少なくないようですが、正しい成長なのだから、素直に受け容れればいい、というのが僕の基本的な考え方です。

まあ、女性にとって老け込んで見えるのは、屈辱だという面もあるでしょうから、外見のアンチエイジングに一生懸命取り組むのは、衰えぬ〝女心〟と好意的に理解してはいます。

老いを受け容れることで、正しい成長によるその変化を楽しむこともできると思うのです。

若い頃は人の言葉にすぐカッとなって、瞬間湯沸かし器なんてありがたくない通り名をもらった自分だが、いまは言葉に激することもなくなった。少しは腹ができたということかな。

そう捉えたら、変化を楽しく受けとめることができませんか。人生、おおらかに生きられると思いませんか。

仕事をしている間は、いつも時間に追われているような感じがあって、歩くのも急ぎ足だった。この歳になって、足腰は衰えたけれど、ゆったり公園を散歩していると、自然の変化、四季の移り変わりを肌で感じることができるなぁ。

なんと、なんと、ありがたいことじゃないか。

そんな思いを抱けることは、人生の楽しみそのものだという気がしないでしょうか。

それも、これも正しく成長しているからこその楽しみです。変化の楽しみ、いっぱい見つけてください。

アンチエイジングもいいが、
老いならではの
楽しみを見つけたほうが、
人生はずっと、ずっと、
面白くなる。

第二の人生の準備を始めるなら、休日をうまく使う

五〇歳を過ぎる頃になったら、誰もが仕事を退いてからの生活、第二の人生について考えるのではないでしょうか。しかし、漠然と「こんなことができたらいいなぁ」「こんなふうに日々を送りたい」と考えているだけでは、第二の人生のスタートをうまく切ることはできません。

人生でも助走が大事です。第二の人生の準備は五〇代から始めておくのがいいと思います。

「準備といったって、現役時代に時間的な余裕なんかないじゃないか」

そんな反論が聞こえてきそうですが、どんな仕事をしていたって、休日がな

いということはないはずです。土日、祝日をすべて返上せよ、という企業はまさかないでしょう。

休日を準備のための時間にあてるのです。たとえば、リタイア後は田舎暮らしをしたいというのであれば、休日にその下見をする。候補の地域をピックアップして、まず、そこをめぐるのです。

気に入った地が見つかったら、そこを何度も訪れる。農家体験民宿などもありますから、土日に一泊二日で出かけても、それほど経費はかからないと思いますし、第二の人生を楽しむための投資と考えたら、納得できるお金の使い方になるのではないでしょうか。

同じ民宿のリピーターになれば、住民の人たちとの交流も生まれ、その地に関するさまざまな話も聞けます。繰り返し訪れることで、四季を体感することもできます。ここは大事なところです。

春は風景も美しく、すごしやすいという地でも、冬場は寒さがとてつもなく厳しいといったところもある。その冬を体感しないで、移り住んだら、「こんなはずじゃなかった」ということになってしまいます。

終《つい》の住処《すみか》になるかもしれない地なのですから、訪れる機会を増やして、可能なかぎりその地をよく知る、ということが必要でしょう。

住民と親しくなれば、趣のある古民家など優良物件の情報もゲットできるかもしれない。もし、農業に興味があったら、喜んでその手ほどきもしてくれるでしょう。

第二の人生を楽しく送るカギは、周到な準備にあり、といってもけっして過言ではありません。リタイアしてから、さしたる準備をせずに田舎暮らしを始めても、地縁の強い地域では〝余所者《よそもの》〟扱いされることだって、ないとはいえないでしょう。

周到な準備をしていれば、

「○○さんは休日のたびに五年もこの地にきてくれている。もう、村の人間と同じだよ」

ということにもなるのです。移り住むときには人間関係も結ばれ、すでに村に溶け込んでいるわけですから、暮らすうえで何の懸念もありません。余所者から始めるのとは大ちがいです。

庭にこぢんまりした畑をつくり、自給自足生活をするのもいいし、少し規模の大きい畑を借りて、野菜などを栽培し、それを収入に繋げるのもまたよし、です。

人とかかわるのが好きなら、部屋の一部を民泊スペースにする手もある。ジェネレーションのちがう若い世代との交流もできそうですし、外国人との触れ合いが生まれるかもしれません。

にぎやかで、楽しく、面白い、第二の人生になると思いませんか。それを実現させるには、何をおいても休日を使った周到な準備です。

第二の人生の成否は、
準備の有無にかかっている。
休日は準備のために
潰《つぶ》すことを厭《いと》わない。

僕にとっての遊びとは……

僕にはサラリーマンのように決まった休日はありません。一年三六五日、毎日が〝仕事日〟といっていい生活です。ただし、漫画を描くという好きなことをしているので、それが苦痛だというわけではありません。

もちろん、ときには息抜きをします。遊んでストレスを解消したり、やる気、元気を注入したりする。僕にとっての遊びは切れ目のない仕事のなかで、強引に捻出する時間です。それがメリハリにもなります。

この日はゴルフ、と決めてしまえば、がんばって仕事をこなそうという気持ちになりますし、集中力も高まるのです。遊びというイベントを設定しないと、仕事もダラダラすることになってしまいます。

遊ぶときは徹底して遊ぶ。それが弘兼流です。サラリーマンでも休日ゴルフをしながら、「明日の会議の準備は大丈夫かな？」などと仕事のことが頭を掠《かす》めるといったことがあるようですが、それでは遊んでいる意味がない、と僕は思っています。

翌日が締め切りでも、ゴルフのときは頭からそのことを締め出します。翌日は大変な思いをすることになりますが、中途半端に遊ぶよりはそのほうがずっといい、と思うのです。

遊びをせんとや生まれけむ
戯れせんとや生まれけむ
遊ぶ子どもの声きけば
わが身さえこそ動《ゆる》がるれ

後白河法皇が編んだ『梁塵秘抄《りょうじんひしょう》』のなかにある歌ですが、遊ぶ子どもの声に感動を覚えるのは、子どもたちが無邪気に、心底、遊びに打ち込んでいるからでしょう。これが遊びの真髄。余計なことは考えず、とことん打ち込んでこその遊びです。

僕がすすめたいのはホームパーティです。住宅事情もあって、日本では外国ほど頻繁におこなわれていないようですが、気の置けない仲間が酒を酌み、料理に舌鼓を打ちながら、わいわいがやがやとしばしのときをすごす。

仲間の近況や経験した面白エピソードなどが飛び交って、おおいに盛り上がることは必至。体力が下降線をたどってくる年代には、遊びといっても激しいスポーツは、少々、厳しい。ホームパーティはまさしく、中高年者向けの格好の遊びといっていいでしょう。

ホームパーティはどうしてもお酒や料理を調達するホスト家の負担が大きくなりがちです。だったら、前もって参加者に割り振るというルールを設けたらどうでしょう。

必要な酒、料理、つまみなどの担当者を決め、もち寄るのです。これならホスト家にだけ負担をかけることにはなりませんし、招かれる側も心置きなく酒も料理も楽しむことができます。

そして、片づけも参加者全員でやる。宴の後片づけはホスト家の大仕事です。そのこともホームパーティが広く定着しない理由になっているような気がするのです。

きれいに片づけてパーティはお開き。これもルールにするとホームパーティはもっと身近なものになるはずです。

そう、そう、もうひとつルールにして欲しいことがあります。パーティの間はスマートフォンをオフにしておくというのがそれです。パーティの楽しさに水を差すのがスマホの着信音。とことん打ち込むには、断然、シャットアウトです。

遊びには、無邪気に、
とことん、打ち込む。
大人の遊び
「ホームパーティ」を、
成功させる三つのルール。

趣味を大事にしているヤツは面白い

石部《いしべ》金吉《きんきち》。この名を聞いて「ははぁ～ん、あのことだな」と頷《うなず》くのはある程度の年齢以上の人かもしれません。「石」も「金」もともに堅い。そこから、堅物で真面目一辺倒の人のことをこういうのです。四字熟語なら「謹厳実直」でしょうか。

堅いのも、真面目なのもいいことですし、美徳とさえいえます。しかし、人としての面白みという点ではどうか。仕事一筋で趣味もない、といった人が金吉さんにあたるのでしょうが、僕はけっこう苦手です。

たとえば、話をしていて、こちらがクルマの話題をふってもいっこうに乗ってこない。ワインに話題を転じても興味なしの面もち。旅も、映画も、音楽も、まるで関心を示さず、話が女性におよべば、こちらをふしだらと断じるようなまなざしをする……。

はっきりいって、面白いですか、こんなヤツ。僕はあまり（本音は絶対）一緒に時間をすごしたいとは思いません。

趣味をもっているということは、自分が楽しむ世界があるということです。その世界で人生を謳歌している。また、語るべき話題に事欠かないということでもあります。

どう見ても、こちらのほうが人としての面白みは上です。趣味があるということの源泉は好奇心にある、と僕は思っています。「なんか、これは面白そうだ」「へぇ～、楽しそうじゃないか」といった好奇心から、人は趣味にはまるのです。

好奇心はどんな話題にも反応します。それまでまったく知らなかった分野の話でも食いついてくる。こちらがワインの話をもち出せば、「ワインって、ぜんぜん興味なかったんですが、ボトルのかたちで産地がわかるんですか。いかり肩がボルドー、なで肩がブルゴーニュなんて、はじめて知りました。いやぁ、面白いなぁ」

といった言葉が返ってくる。打てば響くの趣。こちらも自然に話が熱っぽくなろうというものです。もちろん、聞き上手を相手に蘊蓄《うんちく》を傾けつつ、一緒にいる時間は心地よいものとなります。

仕事から離れると、趣味はいっそう重みを増します。何も趣味がないと、リタイア後、何をしていいかわからないということにもなる。生真面目に仕事に取り組んできた人が、リタイアした途端、気力を失って抜け殻みたいになる、というケースが少なくないじゃないですか。いわゆる「燃え尽きシンドローム」といわれる状態です。

一方、趣味をもっていれば、増えた自由時間に思う存分、それを楽しむことができますから、いきいきとしてきます。趣味の有無で後半人生は虚《むな》しくもなるし、満ち足りたものにもなる、といってもいいでしょう。

いまとりたてて趣味はないという人でも、子どもの頃から一度も趣味をもったことがないというわけではないと思います。

「小学生のとき、切手集めをしていた」

だったら、その趣味を復活させればいい。切手にかぎらず、何かを集めるのが性に合っているはずですから、視野を広げて「これだ！」というものを探したらどうでしょう。

骨董品、コイン、ワインのエチケット（ラベル）、ブリキのおもちゃ、プラモデル、地方の民芸品……。視野の先にはさまざまな世界が広がっています。もの集めの趣味は、骨董市や蚤《のみ》の市、フリーマーケットなどをブラブラ歩きする、という別の趣味にも繋がります。

趣味は人生が謳歌できる世界。
子どもの頃を思い出してみると、
自分にピッタリの趣味が見つかる。

いまこの時代に、万年筆にこだわってみるのもいい

日本には時候の挨拶を書面で交わすという風習があります。しかし、そのかたちは変わってきています。以前は年賀状も暑中見舞いも、毛筆とはいかないまでも、万年筆の手書きが主流でしたが、いまはパソコンで打ってプリントアウトする、というスタイルが圧倒的多数となっています。

両者の差は歴然でしょう。前者には味わいやあたたかみがありますが、後者はいかにも素っ気なく、事務的な印象を与えます。

安倍政権のスローガンである「日本を、取り戻す。」ではありませんが、かつてのよいものを取り戻しませんか。いまこの時代に、万年筆にこだわってみ

るのです。

できれば奮発して少し高級なものを買う。質のよい万年筆はボールペンの堅い線とはちがって、やわらかい線で文字が書けます。高級品であれば、大切に扱うことになりますし、使っているうちに愛着も湧くでしょう。

文豪たちが原稿を書いている写真を見ると、太い万年筆の真ん中あたりをもっている人が多い。ペン先に近い根元をもつよりかっこいいのです。なんともサマになっているあの執筆姿は、やはり、万年筆ならではでしょう。

僕もたくさん挨拶状の類をいただきますが、万年筆の手書きのものには、一瞬目がとまります。文面もきちんと読みますし、その相手の顔も浮かんでくるのです。

「しばらく会っていないけれど、あいつ元気でやっているんだ。いつも気遣ってくれて、ありがたいなぁ」

そんな感慨にも包まれる。一枚のはがきから相手の心が伝わってくる、といってもいいでしょう。

サラリーマンの現役時代は挨拶状を出す数も多いでしょうし、一枚、一枚、万年筆で手書きするというのは、時間的にも労力的にも、無理があるかもしれません。しかし、リタイアしたら、もらう数も少なくなり、出す数もガクンと減るのがふつうです。

それを機に万年筆の手書き派に名乗りを上げてはどうでしょう。時間はたっぷりあるのですから、相手との関係や共有した体験などを思い起こしながら、一枚ずつ綴っていく。

それ自体が楽しい時間になる気がしませんか。もしかすると、長く会っていない旧友から、

「年賀状ありがとう。高校時代と変わらないおまえの字を見て、急に懐かしくなってね。連絡をとってみようと思ったんだ」

そんなうれしいコンタクトがあるかもしれません。使うほどに、手に馴染ん

でくるし、書き心地もよくなってくるのが万年筆です。名品を一本、大人の粋な嗜みとしてもちませんか。

一本の万年筆から、
楽しい時間が紡ぎ出される。
うれしいハプニングが生まれる。

「昔とった杵柄」にリターンする

サラリーマンの口グセのひとつは「忙しくて、時間がない」ではないでしょうか。そこで、仕事を辞めたらやりたいことを思う存分やろう、と考える。ところが、いざ、時間ができてみると、案外、やりたいことが見つからない、というケースが少なくないのです。

そんな人にうってつけのキーワードがあります。「昔とった杵柄《きねづか》」です。社会に出るまでの間には、学校のクラブ活動や学外のサークルなどに入って、やってきたことがあるはずです。

サッカー、水泳、テニス、野球などがその代表格でしょうか。自分がやってきたものは、たとえ長い期間やらないでいても、身体が覚えていて、すぐにまた取り組むことができます。昔とった杵柄は朽ちることがないのです。

まずはそこに目を向けてみたらどうでしょう。実際、高校卒業以来、遠ざかっていたテニスをリタイア後に再び始め、インストラクターになったという人がいます。

あるいは、社会に出て縁を切ったラグビーを四〇代から再開し、七〇歳を超えてもまだゲームを楽しんでいる人もいる。もっとも、ゲームといっても軽く汗をかく程度の運動量で、主眼はゲーム終了後の〝打ち上げ〟で、ラグビーをこよなく愛する仲間たちと酒を酌み交わし、ラグビー談義に花を咲かせる。

僕にも、若い頃散々乗り回していたオートバイをいったんやめながら、五〇歳になったら再びライダーになる決意を固めている四〇代の知人がいます。聞くところによれば、中高年になってからオートバイに戻る人は少なくないらしく、「リターンライダー」という言葉まであるそうです。

昔とった杵柄はスポーツの分野にとどまるものではありません。たとえば、高校生、大学生の頃に聴きまくったジャズに、五〇歳を過ぎてから再度はまっているという人がいます。

三〇年のときを経て聴き返すジャズ史に残る屈指のプレーヤーたちの演奏による名曲は、まったく新たな感動をもたらすのでしょう。ジャズとともにある今後の人生が豊かなものになるであろうことは想像に難くありません。

僕にとっての昔とった杵柄は麻雀ということになるかもしれません。大学時代、麻雀の腕はきっちり鍛えた。卒業してサラリーマンになってからも、さらに漫画の世界に飛び込んでからも、ほとんどやることはなかったのですが、ここにきて愛好会的な三〇人ほどのグループをつくり、かなり頻繁に卓を囲むようになっています。

メンバーから会費を徴収し、それで食事も賄い、勝った人にはご褒美として賞金を出す、というのがグループのシステム。学生時代は遮二無二勝ちにいくという打ち方でしたが、いまはギャンブルではなくゲームとして楽しむという感覚ですから、和気あいあいのうちに時間が流れます。

昔好きだったことに
もう一度ハマってみる。
そこにあるのは、
新たな楽しさの発見、
面白さの発見。

娘の自立はやせ我慢してでも見守る

「同じ子どもでも、娘と息子ではやっぱりどこかちがう。娘の可愛さったらないね」

そんなことをいう男親が少なくないと聞きます。たしかに、膝の上にちょこんとすわりにきたり、まとわりついて離れなかったりする娘の可愛さが、格別のものであることは認めましょう。

男親と娘の間には〝蜜月期間〟があるのです。しかし、それはそう長くつづくものではありません。にもかかわらず、そのことに気づかない、あるいは気づきたくないのが、男親なのかもしれません。

娘が高校生、大学生になっても年に一度の家族旅行を（なかば強制的に）恒例行事にしているなんて男親は、たぶんそのクチでしょう。僕も娘と息子が小さい頃は、国内、海外と家族旅行に出かけていましたが、子どもたちはあるときから参加しなくなりました。行きたくないという者を連れて行ったって面白くもないから、家族旅行は自然消滅です。

なかには、いい歳になった娘とまだ一緒に風呂に入っているなどと自慢げに語る男親もいます。まあ、他人様の家庭のことをとやかくいうつもりはありませんが、ひとことコメントするなら、「アホじゃないか」です。

僕が娘に「一緒に入浴せず」と宣言したのは、娘が小学校四年生のときでした。娘は「なぜ？」という顔をしていましたが、理由なんてありません。僕がもうその頃合いだと判断しただけのことです。

母親と娘とがどんな感情で結びついているのかはわかりませんが、少なくとも、娘が男親と距離を置くようになったら、それは自立のときを迎えているということなのです。

ここはもう、やせ我慢をしてでもそのことを受け容れ、見守るほかはありません。それができない男親は悲惨なことになる。

「おとうさんのパンツとわたしの下着を一緒に洗濯しないで！」

耳を疑うような台詞が浴びせられるというわけです。しかし、考えてみればこれはむしろ当然です。男親がいまだに自分にまとわりついて、自立を阻もうとしているのですから、娘としてははっきり訣別勧告をするしかないじゃないですか。

よそよそしくなる、あまり言葉を交わさない、二人っきりで部屋にいたがらない、一緒に出かけない……。娘はさまざまなかたちで「そろそろ自立」のシグナルを出しているのです。

それを見落とさない。そして、それを潮時と受けとめて、離れていく娘を見守る態勢に入っていく。男親の在り方とはそういうものではないか、と僕は考えています。

それが三年間か、五年間か、あるいは一〇年間かはわかりませんが、娘との間にはたしかな蜜月期間があるのです。その間に思うさま、心ゆくまで、可愛がれば、それで十分じゃないですか。

ちなみに、僕は離れていく娘を見守るとき、やせ我慢をした覚えはありませんし、いまもまったく干渉しません。おたがいに干渉しないし、されたくない、というのがわが家の〝家風〟なのです。

娘がどんな人と結婚しようとあれこれいうつもりはありませんし、相手が外国人であってもぜんぜんかまわない。娘には、ただ、

「幸せにな」

というだけです。

「蜜月期間」にしがみつき、
娘の自立のシグナルを
見落とすと、
距離はますます広がってしまう。

くよくよせずに、楽しく生きる

仏教にこんな言葉があります。

「生者必滅《しょうじゃひつめつ》」

生あるものは必ず滅する、すなわち、確実に死ぬということです。そんなことは誰にでもわかっているはずですが、人は死に対して、案外、無頓着です。がんなど死亡率の高い重篤な病にかかり、余命宣告でもされたら、死の影がヒタヒタと迫ってくるのを感じるのでしょうが、いつも通りの生活を送っている間は、現実感は薄いというのが正直なところでしょう。

しかし、二〇一一年三月の東日本大震災の例を引くまでもなく、死が突然やってくる可能性は誰にだってあるわけですし、事故に遭って命を失うことも同じようにあるのです。

自分にどのくらいの時間が残されているかは、誰にもわからないのです。さて、問題はその厳然たる事実をどう考えるかです。

最初にいってしまえば、僕はこう考えています。いつ死ぬかはわからないのだから、生きている今日を、もっといえば、いまその瞬間をできるかぎり楽しく生きるのがいい。

「楽しくっていったって、人生、そう楽しいことばかりがあるわけじゃないし……」

もちろんそうです。生きていれば心配事も、悩みもいろいろあるでしょう。しかし、心配事や悩みのほとんどは、どうでもいいことか、どうしようもないことではありませんか。

たとえば、自分の健康について心配する。しかし、心配したからといって、健康状態が向上するわけではないでしょう。実際に健康を害したとき、病気になったときに、医者にかかる、入院するなど、適切な対応をとればいい。それだけのことです。

そのとき問題がなければ、健康の心配などどうでもいいことだ、と僕は思っています。

将来やってくる老後の生活に対する悩みもそうです。将来のことをいくら思い悩んだところで、どうしようもありません。まだ、現実になっていない将来が、どんなものであるかはわからない。わからないことに対して手の打ちようがありますか。ない。どうしようもないのです。

極端なことをいえば、まんじりともせず、将来を悩んだ翌日に、事故でこの世を去ることだって、可能性としてはあるのです。そうなったら、悩んだ意味はあったのでしょうか。

どうでもいいこと、どうしようもないことは考えない。というより放っておくのです。そして、今日（いま）を楽しむことに全力を傾ける。くよくよするのは考えることで、それに縛られるからです。

「心配事や悩みがなくなったって、楽しいことがなかったら、楽しめないじゃないか」

〝誤解〟を解きましょう。僕がいっている楽しく生きるということの意味は、楽しいことをするということではありません。することを楽しむということなのです。

ごく卑近な例でいえば、雑然としている部屋を片づける必要があるとき、ふつうは、「面倒くさいな」と思うかもしれません。片づけと楽しみなんて繋がらないと考えるわけです。

しかし、片づけると心が清々しくなるし、外出から帰ってきた妻も喜び、感謝もしてくれる、という方向に気持ちを切り替えたらどうでしょう。「よっしゃあ、いっちょう、やってやるか」ということになりませんか。

面倒で楽しめっこないと思っていた部屋の片づけを、けっこう楽しんでいる自分がそこにいるのではないでしょうか。

楽しいことを探したって、易々と見つかるものではないでしょう。しかし、するすることを楽しむという発想でものごとと向き合うと、人生思った以上に楽しく生きられることに気づくはずです。

楽しいことを探すから
見つからない。
そこにあることを楽しむ。
この逆転の発想が、
人生のコツ。

これからの人生のグランドデザインを思い描く

前項でお話ししたように、することを楽しむ発想が一日、一日を生きるうえでの基本原則です。しかし、その一方で人生全体を見通してのグランドデザインといったものも思い描いておく必要があると思います。

長寿大国日本では、平均寿命後まで生きる人が相当数にのぼるでしょう。そうだとすると、現在以降、かなり長きにわたる時間をどう生きていくかが重要な課題になります。

そこで踏まえておかなければいけないのが、（死の可能性は誰もが抱えつつも）何ごともなければ「あと何年生きられるか」ということ、つまり、平均余命です。それを示しているのが厚生労働省が発表している「簡易生命表」です。

平成二八年度版によれば、四〇歳の男性の平均余命は四一・九六年（八一・九六歳まで生きる＝以下同）、五〇歳の人のそれは三二・五四年（八二・五四歳）、六〇歳の人では二三・六七年（八三・六七歳）となっています。

四〇代は自分に残された約三〇年～四〇年を、五〇代は約二〇年～三〇年を、六〇代なら約一〇年～二〇年を、どう生きていくかを考える。それがグランドデザインを思い描くということです。

かりに現在四五歳だとすると、残りは三六年ほどです。その時間をデザインしていく。たとえば、

「五〇歳で起業して、二五年間は働こう。あとは悠々自適の生活を送りたい」

ということであれば、起業までの五年間にやるべきことがはっきりします。資金の手当て、情報の収集、人脈の確保……。何をやるかでちがってきますが、真剣に準備を進めなければいけない。

その五年間をきっちり準備することによって、サラリーマン生活に胡座《あぐら》をかいてのほほんと送ってしまう人とはよほどちがう、充実した人生を送ることができます。

また、七五歳以降を悠々自適に過ごすとなると、起業してから二五年の間に、リタイア後のプランを立てておく必要があるでしょう。

「釣りが趣味だから、海に近いところに小さなマンションでも買って、女房と二人、のんびりやろう」

これもまた、準備が必要となります。その中身も、起業後五年間は仕事を軌道に乗せるためにがんばって、その後の一五年間は老後のための貯蓄をすることにつとめる。次の五年の間にじっくり物件探しをする……といったふうに具体化されるはずです。

現在五〇歳ならデザインはもちろんちがったものになるでしょう。

「六五歳まではいまの会社でサラリーマン生活をつづけ、その後は郷里に戻り、古い実家を少し改装して一生を終えるとするか。幼馴染みと旧交をあたためるのが楽しみだ」

こちらもやるべきことがいくらもある。いちばんやっかいなのは郷里でともに暮らすことになる妻への説得かもしれません。いずれにしても、デザインを〝起こす〟ことで目標が決まります。

人生を面白くしてくれるのは、この目標と、それを実現しようとする意欲です。

ボンヤリするのはまだまだ先のことですね。

人生はデザイン次第。
デザインが、やるべきこと、
準備すべきことを、
明確に教えてくれる。

著者プロフィール

弘兼憲史（ひろかね・けんし）

1947年、山口県岩国市生まれ。早稲田大学法学部卒業。在学中は漫画研究会に所属。70年、松下電器産業（現・パナソニック）に入社。のち、漫画家として独立するために退社。74年漫画家としてデビュー。その後、『人間交差点』で小学館漫画賞、『課長島耕作』で講談社漫画賞。2000年、『黄昏流星群』で文化庁メディア芸術祭マンガ部門優秀賞、2003年に、日本漫画家協会賞大賞を受賞。その作品は、深い洞察をもって、人間や社会を描くエンターテインメントとして高く評価されている。2007年には紫綬褒章を受章。漫画以外にも『弘兼流　60歳からの手ぶら人生』はベストセラーになっている。他に、『弘兼流　60歳からの楽々男メシ』、『弘兼式　なりゆきまかせの生き方のススメ』『知識ゼロからのワイン入門』などがある。ワインにも造詣が深い。

JASRAC　出　1807983-801

50歳すぎたら、
「まあ、いいか」「それがどうした」
「人それぞれ」でいこう

2018年8月25日　第1刷発行

著　者　弘兼憲史
発行人　見城 徹
編集人　福島広司

GENTOSHA

発行所　株式会社 幻冬舎
〒151-0051　東京都渋谷区千駄ヶ谷4-9-7
電話　03(5411)6211(編集)
03(5411)6222(営業)
振替　00120-8-767643
印刷・製本所　図書印刷株式会社

検印廃止

Printed in Japan
ISBN978-4-344-03346-7　C0095
幻冬舎ホームページアドレス　http://www.gentosha.co.jp/

この本に関するご意見・ご感想をメールでお寄せいただく場合は、
comment@gentosha.co.jpまで。